50 Jahre danach, 50 Schicksale

Kriegsende in der Steiermark

Dieter Dorner Hg.

50 Jahre danach, 50 Schicksale

Kriegsende in der Steiermark

Unter Mitarbeit von
Lisa Feischl
Brigitte Hirner
Dorothea Kurteu
Barbara Zerlacher

Verlag Styria

Dieses Projekt wurde unterstützt von Abfall Service Austria (ASA)

Wissenschaftliche Beratung:
Ludwig Boltzmann-Institut für Kriegsfolgen-Forschung, Graz – Wien,
Harald Knoll/Gertrud Kerschbaumer

Die Deutsche Bibliothek – CIP-Einheitsaufnahme

50 Jahre danach, 50 Schicksale :
Kriegsende in der Steiermark / Dieter Dorner (Hrsg.). –
Graz ; Wien ; Köln : Verl. Styria, 1995
ISBN 3-222-12350-0
NE: Dorner, Dieter [Hrsg.]; Fünfzig Jahre danach, 50 Schicksale

Printed in Austria
Graphische Gestaltung: Hans Paar, Graz
Gesamtherstellung: Medienhaus Styria, Graz
ISBN 3-222-12350-0

Inhalt

Vorwort

Gut zwei Jahre ist es her, da habe ich zufällig Fritz Held in der Funkhauskantine wiedergetroffen. Er war bei Radio Steiermark Studiowart gewesen, aber auch ein hervorragender Gitarrist, wie viele Aufnahmen belegen. Ich weiß nicht mehr, wie wir auf das Kriegsende zu reden gekommen sind. Jedenfalls erzählte er, daß er im Mai 1995, an einem ganz bestimmten Tag, zu einer vorgegebenen Zeit auf die Kanzel wandern werde. Dann sind die 50 Jahre voll, wo er nach einer abenteuerlichen Flucht sein geliebtes Graz wiedergesehen hat.
Glückliche Heimkehr aus einem mörderischen Krieg!
Welch ganz persönliche Begegnung mit *diesem* Jahrestag. Welch ganz persönliche Geschichte. Vor 50 Jahren ...
Es sind nicht mehr viele unter uns, die Krieg und Frieden, Not und Hilfe damals so bewußt und intensiv er-lebt haben. Wer kann noch aus einer ganz eigenen Erinnerung schöpfen? Viele leben inzwischen nicht mehr, und viele wollten oder konnten nicht darüber reden.
Versagt die Erinnerung, versagt das Gedächtnis?
Welch rätselhafte Macht unserer Erinnerung läßt oft scheinbar unwesentliche Details lebendig werden und tilgt andere Zusammenhänge der Lebensgeschichte?
Das ist der eine Aspekt unseres Projektes: die Kostbarkeit der persönlichen Erinnerung. Dem Einmaligen und Kostbaren nähmen wir seinen Wert, würde es museal konserviert bzw. als Tondokument im Archiv verschwinden. Es muß Früchte tragen, es muß anregen zu Fragen und Antworten, Zweifeln und Versicherung. Nur so kann Erinnerung für andere lebendig werden.
Und dies ist unser zweites Anliegen: zum Fragen anzuregen. Das anteilnehmende Fragen ist solange unterblieben, und ich rechne es zu meinem persönlichen Versäumnis, diese „Frage“ nicht zur rechten Zeit gestellt zu haben.

Dieter Dorner

1945: Die Steiermark vor 50 Jahren

Das Kriegsende 1945, der Zusammenbruch des NS-Systems, ist in der Steiermark gekennzeichnet von mehreren parallel und gleichzeitig ablaufenden Aktionen und Entwicklungen. Die Aktionen sind vor allem jene militärischen, wirtschaftlichen und politischen Ereignisse, die wir mit dem Kriegsende und dem Ende des NS-Regimes in Verbindung bringen. Sie laufen auf der Ereignisschiene ab, sind sichtbar, spürbar und allgegenwärtig. Die gleichzeitig ablaufenden Entwicklungen stehen im Hintergrund und sind vor allem jene Festlegungen und Richtweisungen, deren Auswirkungen erst viel später erkannt werden. Sie sind für die meisten Zeitgenossen nicht sichtbar oder spürbar. Ihre Ergebnisse werden als längerfristige Folgen des Krieges und politischen Umbruches dargestellt.

Dabei stehen Ereignis- und Hintergrundschiene in enger Wechselbeziehung zueinander und können kaum losgelöst voneinander interpretiert werden. Wenn dies im vorliegenden Beitrag dennoch versucht wird, so vor allem deshalb, um die einzelnen Betrachtungsebenen akzentuierter darstellen zu können.

Als im Mai 1945 der Krieg in der Steiermark zu Ende geht, sich der militärische Zusammenbruch des Deutschen Reiches spätestens seit dem Gründonnerstag (29. März 1945) mit dem Vormarsch der Roten Armee nach Burgenland und in die Oststeiermark klar abzeichnet, ist der alliierte Luftkrieg für die Bewohner des Landes bereits Alltag geworden. Seit zwei Jahren fliegen fast täglich britische und amerikanische Bombergeschwader über die Steiermark, suchen ihre Ziele im Donauraum und werfen ihre Bombenlast oft auf dem Rückflug über steirischen Städten und Industrieanlagen („Ausweichziele") ab. Im *Luftkrieg* sterben allein in Graz an die 2000 Menschen, 20.000 Wohnungen und unzählige Gebäude werden zerstört.

Der Bedrohung am Boden (durch den *Vormarsch der Roten Armee),* in der Luft, aber auch im Inneren des Landes (militärische Widerstandsaktionen) setzt das nationalsozialistische Regime letzte *Verteidigungsmaßnahmen* entgegen. Überall werden Luftschutzbunker angelegt und Stollen errichtet. Die Grazer Stollensysteme können bei Luftangriffen über 100.000 Menschen Zuflucht bieten. An den Grenzen zum Osten werden riesige Verteidigungsanlagen, der „Südostwall", gebaut. Seit 1944 arbeiten daran täglich über 50.000 Menschen. Allenthalben werden die letzten Reserven an Menschen und Material im „Volkssturm" aufgeboten. Jugendliche und Greise sollen noch in den letzten Tagen für ein mörderisches Regime den Kopf hinhalten.

Im Inneren des Landes ist die *Widerstandsbewegung* stärker geworden. Katholiken, Sozialdemokraten, Konservative und Kommunisten haben ein dichtes Netz von Widerstandsaktionen eingeleitet. Das NS-Regime antwortet brutal. Bis zuletzt häufen sich Erschießungen am Feliferhof und in den Höfen der Gerichte.

Die Steiermark ist ein *überlaufenes Land.* Auf zwei Steirer kommt zu Kriegsende schon ein Ausländer: Fremdarbeiter, Flüchtlinge, Kriegsgefangene, Kosaken, Wlassow-Truppen, geflohene Regimegegner aus Jugoslawien, „Ostarbeiter" und umgesiedelte („Volks"-)Deutsche suchen bei uns ein Quartier. Für viele ist die Steiermark nur Zwischenstation. Sie wollen weiter in den Westen, den Amerikanern und Engländern entgegen. Tausende werden von diesen bald wieder an ihre Gegner, Sowjets und Tito-Partisanen, übergeben: Wlassow-Einheiten, Kosaken, Domobrancen. Zehntausende Sowjetbürger, die in den letzten Jahren von den deutschen Verwaltungsstellen – großteils zwangsweise – als „Ostarbeiter" oder Kriegsgefangene zur Arbeitsleistung hergebracht worden waren, werden von den sowjetischen Repatriierungsorganen übernommen und rückgesiedelt. Für viele von ihnen beginnt damit ein jahrelanger Weg durch den sowjetischen Archipel Gulag.

Am 7. Mai 1945, also einen Tag vor dem offiziellen Ende des Zweiten Weltkrieges, flieht NS-Gauleiter und Reichsstatthalter Uiberreither aus Graz. Er übergibt die Amtsgeschäfte seinem ranghöchsten Beamten, Gauhauptmann Armin Dadieu. Nun treten Vertreter der früheren Parteien aus der Ersten Republik, die insgeheim schon Kontakt untereinander aufgenommen hatten, auf den Plan: Eine gemeinsame Abordnung von SPÖ und ÖVP ersucht am 8. Mai, also einen Tag später, im Grazer

Rathaus den nationalsozialistischen Bürgermeister, Rechtsanwalt Julius Kaspar, zurückzutreten und auch Gauhauptmann Dadieu in der Burg dazu zu bewegen. Der mutigen Delegation gehören unter anderen an: Reinhard Machold, Alois Rosenwirth, Johann Leichin, Engelbert Rückl, Ditto Pölzl, Franz Stockbauer, Karl Kober, Alfred Scheidl und Arthur Josl. Am Nachmittag des 8. Mai hat die Steiermark eine neue Landesregierung. Die Geschäfte eines Landeshauptmanns übernimmt der Sozialdemokrat Machold, sein Stellvertreter wird der Christlichsoziale Alois Dienstleder. Hauptmann Alois Rosenwirth übernimmt die Funktion eines Sicherheitsdirektors von Steiermark und Polizeipräsidenten in Graz, Karl Ortner soll in seinem Auftrag die Gendarmerie reorganisieren. Engelbert Rückl wird Grazer Bürgermeister.

Die Sowjetarmeen haben seit Ostern Teile der Oststeiermark besetzt. In den Kämpfen sind viele oststeirische Orte, wie Wenigzell oder Riegersburg, verheerend zerstört worden. Viele Menschen des Landes werden diese schwerste Zeit nie vergessen. Vom 8. Mai bis 4. August 1945 werden Vergewaltigungen an 9493 Frauen und Mädchen im Alter zwischen 10 und 70 Jahren, besonders in der Oststeiermark, amtlich erfaßt.

In der Nacht zum 9. Mai marschieren Einheiten der Roten Armee, von der Ries kommend, in Graz ein. Gleichzeitig erfolgt der Vorstoß sowjetischer Einheiten über das Mürz- und Murtal in Richtung Scheifling, über das Liesing- und Paltental bis zur Enns und über die Mittelsteiermark bis nach Köflach und an die Koralpe. Die Engländer kommen über die Pack und den Neumarkter Sattel in das obere Murtal und bis Köflach. Die Amerikaner kommen aus Richtung Aussee bis zur Enns. Die Südgrenze des Landes überschreiten bulgarische Einheiten und Partisanengruppen. Damit ist das Land fünffach besetzt. Der Kriegsverlauf, der letzte Wettlauf um Städte und Ortschaften, hatte sie in die Steiermark gebracht. Die Linie, an der sie einander nun begegnen, ist Zufall. Für die Bevölkerung, für Tausende Flüchtlinge und deutsche Soldaten wird sie Schicksal. Im ganzen Land kommt es zu Beschlagnahmungen, Demontagen, Vergewaltigungen, Übergriffen und Verschleppungen.

Eine ganze Reihe sowjetischer Spezialeinheiten des NKWD, der Abwehrorganisation Smer, der Roten Armee und anderer Einrichtungen versuchen, Kriegsverbrecher, ehemalige Nationalsozialisten, vermeintliche Angehörige von „Werwolf"-Einheiten sowie vermeintliche Gegner der sowjetischen Besatzer ausfindig zu machen. Dazu kommt die Suche nach Technikern, von denen man annimmt, sie beim Wiederaufbau der Sowjetunion nutzbringend einsetzen zu können. Ein Bericht der Sicherheitsdirektion Steiermark an das Innenministerium in Wien spricht von 130 Verschleppungsopfern aus der Steiermark. Ein amerikanischer Geheimdienstbericht vermutet im August 1945, daß die Sowjets rund 500 Personen aus der Steiermark verschleppt hätten. Beide Zahlenangaben dürften viel zu niedrig gegriffen sein. Erste Informationen aus russischen Archiven geben uns bereits partielle Zahlen zu Verhaftungen durch Organe der Roten Armee und des sowjetischen Innenministeriums in unserem Land. Die Festnahmen erfolgten teilweise aufgrund vorbereiteter Listen, teilweise aufgrund von Hinweisen aus der Bevölkerung und teilweise aufgrund eigener Recherchen der sowjetischen Spezialeinheiten, die diese vor Ort anstellten.

Die Sicherung der Ernährung und die Bewahrung von Ruhe und Ordnung sind daher das oberste Ziel der zweiten provisorischen Landesregierung, die von den Sowjets am 15. Mai, zehn Jahre vor dem Staatsvertrag, eingesetzt wird. Nunmehr lautet – unter dem Kommando der Sowjets – das Verhältnis der Regierungsmitglieder: drei Sozialisten, drei Christlichsoziale und drei Kommunisten. Über die erste Versorgungsnot half in Graz die Rote Armee hinweg. Aus ihren Beständen wurden die notwendigen Fettrationen bereitgestellt. An Zucker fehlte es gänzlich. Bürgermeister Speck: „Es ist der Stadt Graz nicht möglich, auch nur an Spitäler und Kinder eine kleine Menge Zucker auszugeben, weil keinerlei Vorräte da sind."

Die Zerstörung der wichtigsten Bahnlinien, Post- und Telegrafenverbindungen machte eine koordinierte Zusammenarbeit mit der Wiener Regierung unter Karl Renner nahezu aussichtslos.

Was niemand für möglich gehalten hatte, trat Ende Juli 1945 ein: Die Russen zogen gemäß den Zonenplänen ab. Die Steiermark wurde britische Besatzungszone. Die Briten wurden überall als die eigentlichen Befreier begrüßt. Die Engländer verlangten abermals die Bildung einer neuen, nun schon der dritten Landesregierung. In den steirischen Betrieben, die nach 1938 unter deutsche „Verfügung oder Verwaltung" gekommen waren, wurden öffentliche Verwalter eingesetzt. Die Briten erhöhten gewissermaßen als Willkommensgruß und sichtbares Zeichen ihrer Entschlossenheit, die Hungerkrise zu beenden, die Brotrationen entscheidend.

Ende Oktober 1945 hatte der Alliierte Rat in Wien die Autorität der provisorischen Regierung Renner für ganz Österreich anerkannt. Als Bedingung hatte man allerdings die Abhaltung freier Wahlen bis Jahresende genannt. In der damals mit bescheidenen Mitteln geführten Wahlpropaganda präsentierte sich die ÖVP als „die österreichische Partei", die Sozialisten versprachen mehr Demokratie im Wirtschaftsleben, die Verbesserung der Stellung der Frau und stellten das erfolgreiche Wirken von Machold und Renner in den Mittelpunkt. *„Ursteirer und Steirer ohne Uhr"* blieb bis heute ein geflügeltes Wort aus dieser Zeit. Die Kathrein-Wahlen 1945 brachten in der Steiermark der ÖVP 53 Prozent, der SPÖ 41 Prozent und der KPÖ nur 5 Prozent der Stimmen. Neuer Landeshauptmann wurde Anton Pirchegger von der Österreichischen Volkspartei, seine Stellvertreter waren Reinhard Machold und Tobias Udier.

Der erste große Schritt zur Schaffung geordneter demokratischer Verhältnisse war getan. Das Land hatte eine vom steirischen Volk gewählte Landesregierung. Ihre Ziele waren damals die brennendsten Sorgen der Menschen:

- ein gutes Verhältnis zur britischen Besatzungsmacht;
- die baldige Heimkehr der steirischen Kriegsgefangenen. Zehntausende Steirer galten als vermißt, besonders in der Sowjetunion;
- der Wiederaufbau in den Schadensgebieten, besonders in den drei Monate lang von den Sowjets besetzten Gebieten. Tausende Wohnungen waren zerstört, Betriebe zerbombt oder von den Sowjets demontiert;
- die Ausgleichung des Verlustes der geistigen Kapazitäten des Landes durch die Emigration und Verfolgung der Juden des Landes durch die Nationalsozialisten, der personelle Wiederaufbau der hohen Schulen;
- die Sicherung der Arbeitsplätze und
- die Beseitigung des „geistigen und sittlichen Trümmerhaufens", den das NS-Regime hinterlassen hatte, die Entnazifizierung.

Verlag Styria Graz Wien Köln

Name/Vorname

Beruf

Straße

Postleitzahl und Wohnort

Geschäftsantwort-
postkarte

An den
Verlag Styria

Schönaugasse 64
A-8010 Graz

Mit 15. September 1946 waren im Lande 92.734 Personen als Nationalsozialisten registriert. Mit 30.430 „Illegalen" hat die Steiermark 1946 nach Kärnten den höchsten Anteil aller Bundesländer.

In den 50 ausgebreiteten Schicksalen kommen die hier angesprochenen Entwicklungslinien des Landes im Jahr 1945 facettenreich zum Ausdruck. Zusätzlich dokumentieren die Einzelschicksale, daß es auch 1945 keinen Stillstand, kein Jahr Null, keine Stunde Null gegeben hat. Daß die Kontinuitäten viel stärker waren als die Veränderungen. Daß diese Kontinuitäten bis heute ganz stark nachwirken:

- in den dreißiger Jahren geprägtes Verhalten;
- im Ständestaat oder in der NS-Zeit angelernte Einstellungs- und Denkmuster;
- Traditionen der Kulturpolitik aus den zwanziger und dreißiger Jahren;
- die Grenzlandlage als Hemmnis für die Wirtschaft seit 1918, aber auch als steirisches Selbstverständnis, das mitunter zur Betonung eines vermeintlichen Kulturgefälles gegenüber Slowenen oder Kroaten verleitete;
- der weitere Ausbau „alter" Industriegebiete im Wiederaufbau (der „eherne Brotlaib" als steirische Identität, LD-Verfahren);
- die daraus resultierende mentale und ökonomische Schwerfälligkeit zur Umstellung dieser Region auf die Marktbedürfnisse seit den siebziger Jahren;
- die Kontinuität in der Verkehrs- und Energiepolitik aus den zwanziger bis vierziger Jahren,

um nur einige Beispiele anzuführen.

Gerade um diese wichtigen Entwicklungslinien unseres Landes, die von der Gegenwart nicht einfach beiseite geschoben werden können, besser verstehen zu können, ist es – auch 50 Jahre später – höchst notwendig, besonders uns jungen Menschen, die diese Zeit nicht mitmachen mußten, dieses Buch in die Hand zu geben.

Stefan Karner

Die Vorzeichen, 1. Teil

Eleonore Berger lebt heute mit ihrem Mann in Eisenerz. Dort verbrachte sie auch ihre Kindheit und Jugend.
Kurz vor Kriegsende war sie Zeugin eines eigenartigen Vorfalles, den sie bis heute noch niemandem erzählt hat. Der einzige Mensch, der auch davon wußte, war ihr Vater, aber er ist schon verstorben.

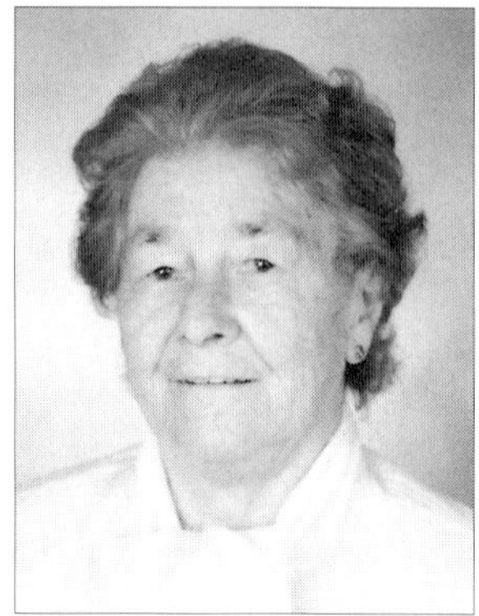

Eleonore Berger
Eisenerz

Im 45er Jahr sind wir in den Markt reingegangen, denn Stadt war Eisenerz damals noch nicht. Als zwei Flieger kamen, sagte mein Vater: „Jetzt stellen wir uns beim Pferdestall vom Berger unter, damit uns keiner sieht, und schaun, was die Flieger machn. Bomben können die Flieger nicht habn, denn, wenn sie welche ghabt hätten, wären s' wahrscheinlich über dem Kaiserschild (= ein Berg in den Eisenerzer Alpen, Anm. der Red.) abgworfen wordn, weil die so a Fliehkraft habn." Dann habn wir uns zu dem Stall hingstellt und gschaut, was die Flieger machn. Die san dann grod über Eisenerz drübergflogn, die zwei Flieger, und habn mit den Kondensstreifen an „Ochter" in der Luft gschriebn. Noch dem „Ochter", den die zwei Flugzeuge gschriebn habn, san noch sieben andere kommen und habn genau über dem Polster (= ein Berg in den Eisenerzer Alpen, Anm. der Red.) „Mai" gschriebn. Die Flugzeuge waren genauso abgstimmt, daß nur „Mai" dasteht. Zum Schluß is no a Flieger kommen von Norden und hot des A-Stricherl, und a Flieger is von Süden kommen und hot den I-Punkt gmocht. Und mei Vater hat dann gfragt: „Was habn die do jetzt gschriebn?", und dann hob i gsogt: „Dati, ochter Mai!"

„Jo, jo, do wird der Krieg aus sei." Und dann hot er noch gsagt: „Ober daß du mir niemandem was davon erzählst; sag's jo zu niemandem!"

Und i hob's bis heut no niemandem erzählt!

Die Vorzeichen, 2. Teil

Maria Lafer lebt heute in Oedt. Die letzten Kriegstage hat sie gemeinsam mit ihren Eltern, den drei Geschwistern und der Tante in Wetzelsdorf bei Feldbach verbracht. Auch in den größten Wirren hat man die heilige Messe besucht. In einer kleinen Kapelle auf Schloß Kornberg hat ein couragierter Pfarrer bis zuletzt Messen gelesen. So auch am Ostersonntag. Am gleichen Abend geschah etwas, das Maria Lafer bis heute nicht vergessen hat.

Maria Lafer
Oedt in der Oststeiermark

Ich war damals fünf Jahre alt, aber vergessen kann man das sicher nie. Es war am Ostersonntag am Abend. Wir sind gerade beim Nachtmahl gesessen, als meine Mutter vor die Tür ging; warum, das weiß ich heute nicht mehr. Meine Mutter hat dann zum Vater ganz aufgeregt gesagt: „Komm schnell her, das mußt dir anschauen!“ Mein Vater und wir Kinder sind dann natürlich alle vor die Tür gelaufen. Mein Vater, meine Mutter, meine beiden Geschwister, meine Tante und ich sind vor der Tür gestanden. Es war eine Vollmondnacht, und direkt über dem Mond ist ein schönes, großes Kreuz gestanden, ganz deutlich! Nach ein paar Minuten ist es dann wieder verschwunden. Dann hat meine Mutter noch gesagt: „Na Gott sei Dank, jetzt ist sicher bald der Krieg aus. Das war ein Himmelszeichen, und jetzt ist sicher bald der Krieg aus!“

Aber so deutlich, wie man das Kreuz gesehen hat …

Das Tagebuch der Mutter

Herr Stiasny war 1945 zwölf Jahre alt. Er wuchs in Wieden auf einem Bauernhof auf. In diesem Gebiet gab es schwere Kämpfe, deswegen entschloß sich die Familie schweren Herzens, fortzuziehen. Der Bauernhof wurde fast völlig zerstört.
Die letzten Kriegsereignisse hat die Mutter von Josef Stiasny in einem Kalender niedergeschrieben.
Josef Stiasny hat uns daraus vorgelesen. Auch heute noch, nach 50 Jahren, kostet es ihn große Überwindung, sich an diese schreckliche Zeit zu erinnern.

Josef Stiasny
Wieden bei Straden

29. März 1945: Kriegsfront in der Nähe.
30. März 1945, Karfreitag: Auswanderung in Feldbach angesagt, letzter Kirchgang.
4. April 1945, Mittwoch: letztes Brotbacken zu Hause.
5. April 1945, Donnerstag: immer in den Keller gehen wegen Splitter.
6. April 1945, Freitag: viel Feuer (do hot's scho umadum brennt).
8. April 1945, Ostersonntag: noch alle bei Tisch gegessen bis auf den Vater; letzter Volkssturm; abends fortgezogen vom Heimatkeller; übernachtet im Bäckerkeller.

19. April 1945, Donnerstag: heute vom Bäcker fort nach Patzen bei Tieschen; in einer Hütte übernachtet, mit Ängsten durchgelebt. (Do hamma nur a Nocht in an Tenn gschlofn. Do ham die Weiber ka Ruh ghabt vor die Russen, die homs immer vergewoltigen wollen.) Heute von Patzen fortgezogen nach Pichlar, dort in einem Zimmer gut geschlafen, große Sehnsucht nach der Heimat – Gott beschütze uns in Zukunft.

Kurz nach dem Kriegsende ist die Familie wieder auf ihren Bauernhof zurückgekehrt. Sie mußten feststellen, daß sie alles verloren hatten. Der Bauernhof verwüstet, keine Nahrung, keine Kleidung, aber all das war für die Familie nicht so schlimm im Vergleich zu dem, was sie noch erleiden mußte.

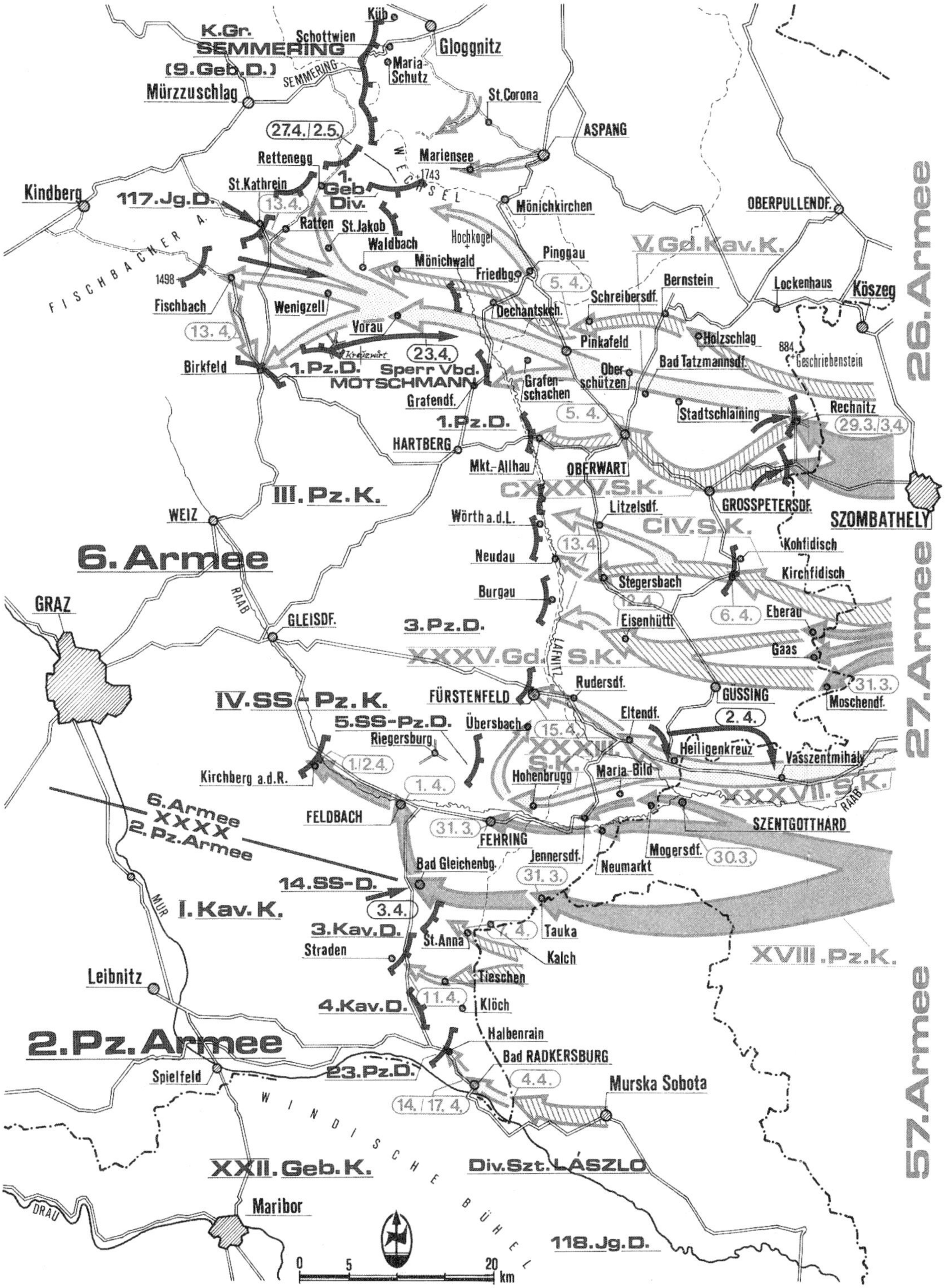

Vorstoß der russischen Armeen in der Oststeiermark 1945.

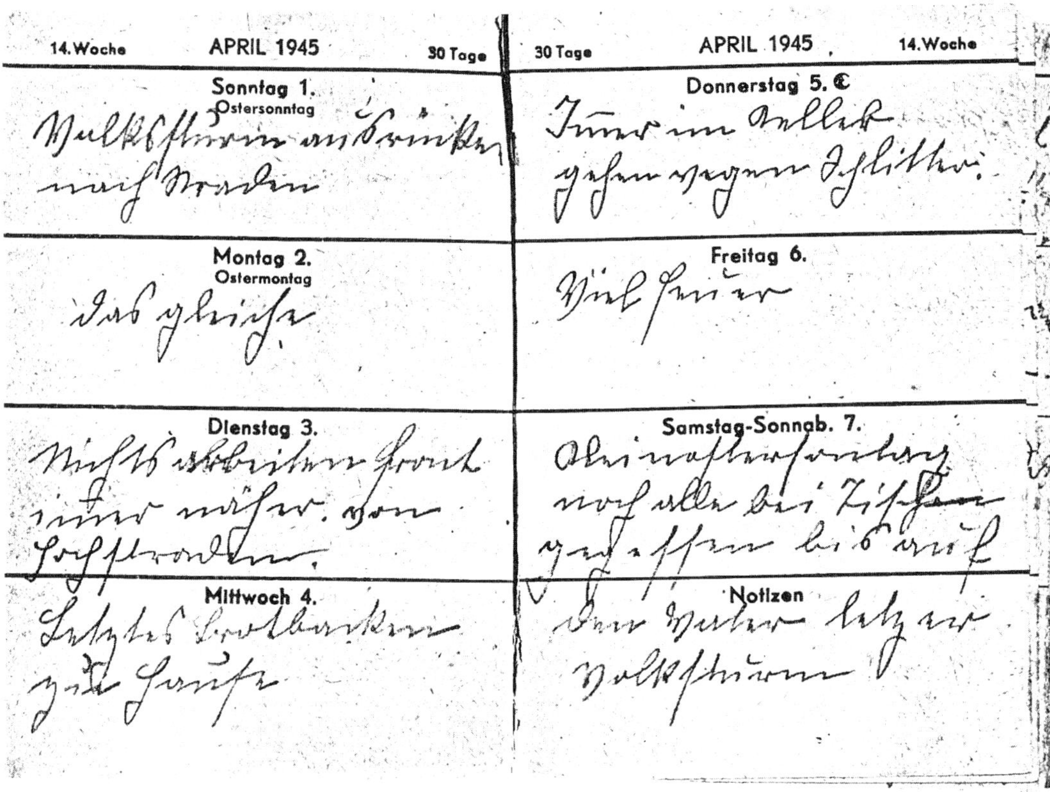

Juni: Unser liebes Söhnchen Franzl heute durch Minen verstorben. (Da Franzl is mei Bruder; samma Kirchn gangen, und am Kirchweg liegt a so ogführte Betonmine, und er greift des a. Der Voter hot immer gsogt: „Los stei, los stei." Gfrogt hot a net, wir san zehn Schritt weiter vorn gangan, dann hot's an Krocher gmocht, und tot wor a. Beide Händ hot's eam weggrissen, deis is alles auf ihn draufgflogn, an Zahn hamma noch gsehen, der war kohlschwarz und Löcher hot er umadum ghobt – er is gschwind tot gwesen. Der Bäcker hot an Pflegebuam ghobt; der is mit uns zehn Schritt weiter vorn gangan; der hot beim Wadel durch einen Splitter kriegt; deis Blut is glei so grunnen; dann hot mei Voter mit sein Taschentuch zuerst die Wunde vom Bäckerssohn einbunden, und dann is er erst zurückgangan zu sein Sohn, zu mei'm Bruder, und er hot des augenscheinlich gsechen, schlogt die Händ übern Kopf zsammen und sagt: „Gott sei Dank, daß d' sterben host können."

5. Juni 1945: Heute mußten wir unser liebes Söhnchen Franzl zur letzten Ruhe betten – das war für uns das schwerste!

Bombenangriff auf Graz

Zu Beginn des Jahres 1945 war Graz schweren Bombardierungen ausgesetzt. Tagsüber flüchteten die meisten Menschen in die Schloßbergstollen, wenn der Weg nicht zu weit war. In der Nacht war der Schloßbergstollen verschlossen. Die Menschen suchten in Luftschutzkellern und Bunkern Unterschlupf. So auch Christiane Ritter-Zahony und ihre Mutter. Sie lebten zu Kriegsende in einer Wohnung in der Schubertstraße. Am 24. Februar 1945 heulten wieder einmal die Sirenen. Eine Bombe traf den Bunker. Nur Christiane Ritter-Zahony und ihre Mutter überlebten.

Christiane Ritter-Zahony
Graz

Am 24. Februar 1945 war der ganz große Angriff in Graz; da war ich fünf Jahre alt und hab mit meiner Mutter in der Schubertstraße gewohnt. Es waren zwei große Häuser mit einem herrlichen Garten, und in einem dieser Gärten war ein Bunker für unser Haus und für das andere Haus. Es war mittags, und die Sirenen heulten. Wir sind natürlich sofort in den Bunker gerast. In diesem Bunker befanden sich ungefähr vierzig bis fünfzig Menschen, wenn nicht noch viel mehr. Es hieß sogar, daß sich über zweihundert Menschen in diesem Bunker aufhielten, was ich selber für unwahrscheinlich halte. Zur Sicherheit legten wir uns alle auf den Boden, und ich kann mich noch erinnern, daß ich plötzlich so ein Brummen hörte, das immer näher und immer näher kam. Dann sagte ich zu meiner Mutter: „Mami, jetzt werden sie die Bomben abwerfen." In dem Moment hör ich eine Detonation und einen wahnsinnigen Lärm. Die Bombe traf unseren Bunker, die Tür ist aufgerissen worden, helles Tageslicht kam herein – aus, ich wußte nichts mehr! Ich war dann wahrscheinlich einige Stunden bewußtlos, und wie ich wieder zu mir gekommen bin, höre ich, wie ein Mann, der damals Luftschutzwart war, gefragt hat: „Hallo, ist hier noch jemand?" Meine Mutter hat gesagt:

„Ja, ich, aber ich weiß nicht, wo das Kind ist!" Später habe ich erfahren, daß ich so gewinselt habe, und nach diesem Winseln hat sich meine Mutter im Finstern orientiert. So ertastete sie mich zwischen Steinen und Holzbrettern und zerrte mich am Mantel heraus. Dann sagte der Luftschutzwart: „Na, Gott sei Dank, jetzt haben wir das Kind. Jetzt schauen wir, daß wir hier irgendwie herauskommen."

Es war so eine unheimliche Stille um uns – zuerst dieser Lärm von den vielen Menschen, dann eine solche Totenstille.

Irgendwie hat der Schutzwart noch einen Ausgang gefunden, der nicht ganz verschüttet war. Ich nahm meine Mutter bei der Hand und sagte: „Komm, Mami, gehen wir." Dann sah ich erst ihren Blick auf mich gerichtet, auf meinen Kopf, und plötzlich machte sie eine entsetzte Bewegung. Ich dachte: „Komisch, die muß was bemerkt haben."

Und in dem Moment schreit sie schon: „Bitte einen Arzt!" Dann kam ein Student, ein angehender Arzt. Er wusch meine Wunde mit Schnaps aus. Ich hatte eine Hinterkopfverletzung; die Haut hing weg, ich hatte eine klaffende, tiefe Wunde. Wir sind dann in den Garten zu den gegenüberliegenden Häusern in der Schubertstraße gegangen. In einem dieser Häuser habe ich mich auf einen Holzschemel gesetzt und auf die Rettung gewartet, und wie ich aus dem Fenster schau, habe ich einen Ofen mit frischgebackenen Keksen gesehen – das war alles, was von diesem Haus übriggeblieben ist.

Die Rettung fuhr mich dann in das alte Unfallkrankenhaus in der Theodor-Körner-Straße. Ich wurde sofort in den Operationssaal gebracht. Der Arzt sagte mir, daß ich jetzt operiert werden würde, aber vorher würde ich noch eine Schokolade bekommen oder besser noch nach der Operation. Ich habe den Arzt verwundert angeschaut, denn ich dachte, Schokolade gibt es doch gar nicht. Dann haben sie mich auf das Bett gelegt, natürlich auf den Bauch, weil ja der Hinterkopf verletzt war. Der Arzt hat sich auf mich draufgelegt, damit ich nicht vom Operationstisch herunterspringen konnte. Narkose gab es keine mehr, und so wurde ich bei vollem Bewußtsein genäht. Meine Mutter saß vor der Tür und hörte mich entsetzlich schreien.

Daran kann ich mich noch erinnern.

Die Stimmen der Glocken

1945: Der damals 13jährige Otto Paar hat „Kriegsendeferien". Die Knabenoberschule in Bruck/Mur hat man zu einem Auffanglager und Lazarett umfunktioniert. In Kapfenberg glaubt Otto Paar die ersten Anzeichen des Kriegsendes zu bemerken. Im nahen Wald stehen die Soldaten um ein riesiges Feuer und verbrennen Bücher und Regimentspapiere. Kurze Zeit später verlassen sie den Ort. Zurück bleiben Helme, Gewehre und ein ratloser Otto Paar, der sich fragt: „Ist das jetzt schon das Ende?"

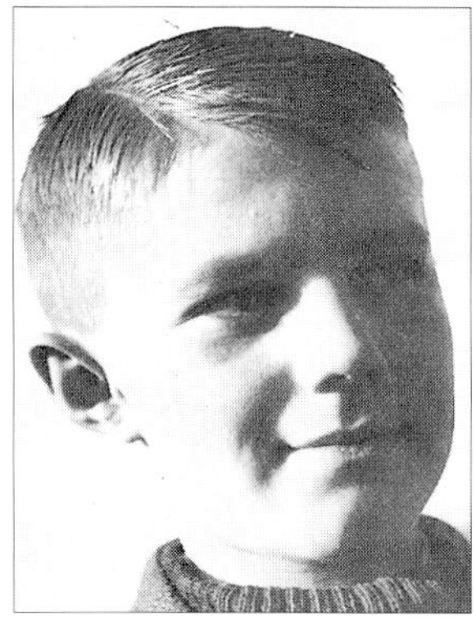

Otto Paar
Kapfenberg

Und was wir fragten, war: „Wie merken wir, daß der Krieg jetzt wirklich zu Ende ist?" Und da sagte uns jemand: „Der Krieg ist dann aus, wenn die Glocken läuten." Jetzt war Glockengeläute für uns doch noch etwas Alltägliches. Es läuteten jeden Tag um zwölf Uhr mittags und um sechs Uhr abends die Glocken. Wie sollten wir jetzt wissen, ob das nun ein normales Läuten ist oder ob es das Friedensläuten ist? Und da wurde uns gesagt: „Die Glocken, die den Frieden verkünden, läuten viel länger und hören nicht mehr auf zu läuten" – und darauf warteten wir! Und am nächsten Tag suchten wir den Platz auf, den die Soldaten verlassen hatten. Dort sahen wir einen riesigen Haufen Holz, klein geschnittenes Holz, so wie es die Fahrzeuge, die mit Holzöfen angetrieben wurden, als Brenn- und Kraftstoff benötigten. Die Lastwagen waren weggefahren und ließen den größten Teil des Brennstoffes zurück. Das hatte sich in der Siedlung sehr bald herumgesprochen, und die Leute kamen mit Rucksäcken, kleinen Leiterwagen und Taschen, um sich dieses Holz nach Hause zu schaffen. Es war ein schöner, lauer Frühlingstag. Wir Kinder halfen natürlich auch mit, das Holz zusammenzutragen. Während dieser Arbeit begannen die Glocken zu läuten. Wir dachten zuerst, es ist zwölf Uhr mittags – eine Uhr hatte ja kaum jemand. Die Leute waren weiter emsig bei der Arbeit, bis der eine und der andere den Kopf hoben und bemerkten, daß die Glocken nicht aufhörten zu läuten. Alle waren nun sprachlos, und jeder wartete nun gespannt, ob sie nicht doch zu läuten aufhören würden und nicht das Kriegsende anzeigen, aber sie hörten nicht auf zu läuten!

Die Leute begannen zu schreien, zu jubeln, zu lachen, haben sich an den Händen gehalten und sind um diesen riesigen Holzstoß herumgetanzt, die Kinder und die Erwachsenen. Ich war natürlich genauso ergriffen.

Dieses Erlebnis blieb mir besonders in Erinnerung, denn das war der Zeitpunkt vom Ende des Krieges, das Ende der Kriegsfurcht, aber natürlich auch der Beginn der Nachkriegszeit.

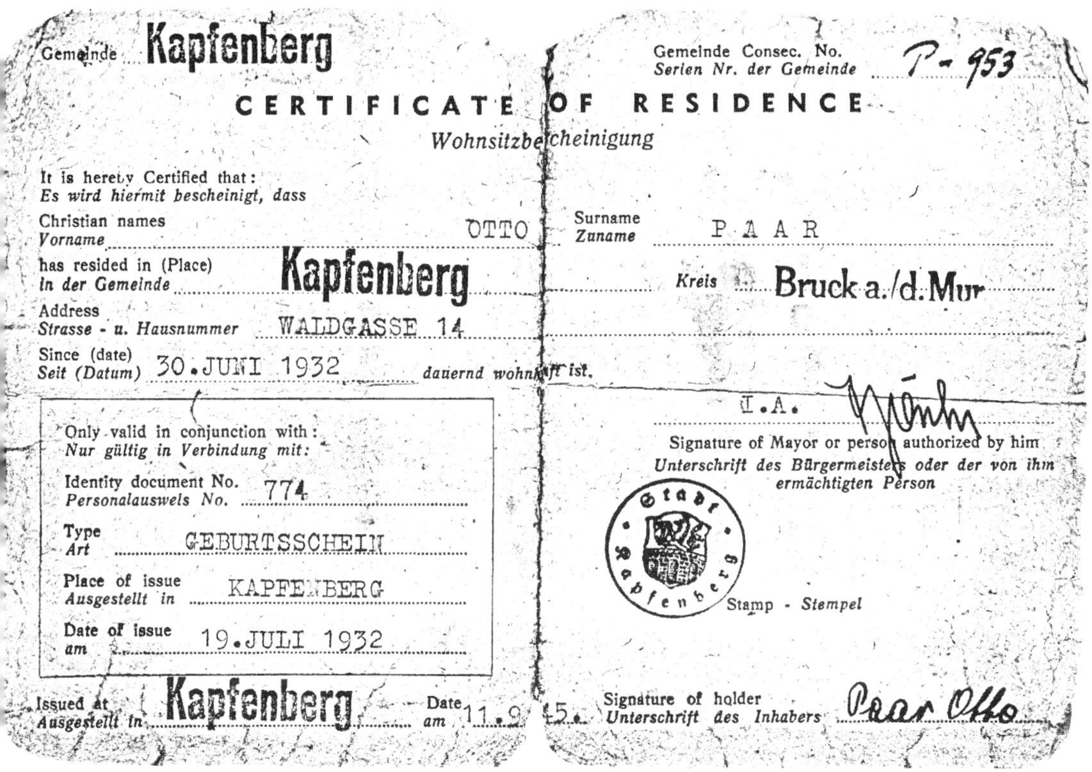

Gemeinde Kapfenberg

Gemeinde Consec. No.
Serien Nr. der Gemeinde P-953

CERTIFICATE OF RESIDENCE
Wohnsitzbescheinigung

It is hereby Certified that:
Es wird hiermit bescheinigt, dass

Christian names / Vorname: OTTO
Surname / Zuname: P A A R

has resided in (Place) / in der Gemeinde: Kapfenberg
Kreis: Bruck a./d.Mur

Address / Strasse u. Hausnummer: WALDGASSE 14

Since (date) / Seit (Datum): 30.JUNI 1932 dauernd wohnhaft ist.

Only valid in conjunction with:
Nur gültig in Verbindung mit:

Identity document No. / Personalausweis No.: 774

Type / Art: GEBURTSSCHEIN

Place of issue / Ausgestellt in: KAPFENBERG

Date of issue / am: 19.JULI 1932

I.A.

Signature of Mayor or person authorized by him
Unterschrift des Bürgermeisters oder der von ihm ermächtigten Person

Stamp - Stempel

Issued at / Ausgestellt in: Kapfenberg
Date / am: 11.9.45.

Signature of holder / Unterschrift des Inhabers: Paar Otto

Die Russen in Straden

Frau Maria Höltzl war 1945 fünfzehn Jahre alt und lebte auf einem Bauernhof in Straden in der Südoststeiermark. Der Vater war Bürgermeister. Als die Front immer näher rückte, versteckten die Bauern Lebensmittel: Kartoffeln wurden vergraben und ein Weinkeller als Versteck hergerichtet, aber aus dem Versteck wurde für eine Woche ein Gefängnis für zwanzig Menschen.

Maria Höltzl
Graz

Auf einmal in der Nacht waren die Russen im Keller mit vorgehaltenen Gewehren. Wir haben alle geschrien, weil wir dachten, die Russen erschießen uns jeden Moment. Die Kinder flüchteten auf die Weinfässer, und die Erwachsenen blieben wie gelähmt am Boden stehen. Dann haben wir alle angefangen zu beten – wir wurden sehr religiös erzogen –, und die Eltern haben gesagt, wir sollen weiterbeten, vielleicht hilft es. Die Russen haben dann gemerkt, daß wir wirklich nichts machen und nur Zivilisten sind, die fürchterliche Angst haben. Der Bürgermeister, mein Vater, hatte im Krieg mit den Nationalsozialisten zusammengearbeitet. Deswegen haben die Russen ihn im Auge behalten. Jeden Tag legten sie ihm das Gewehr an die Brust. Wir haben dann aufgeschrien, und da sind sie wieder abgezogen. Wie die Russen dann kurz damit aufgehört haben, haben wir die Gelegenheit genutzt und sind zu einem Bauern gelaufen. Fünfundvierzig Minuten von uns entfernt hat er gewohnt. Unsere Sachen haben wir mit einem Leiterwagen transportiert – heute gibt's die ja nicht mehr –, den die Ochsen gezogen haben. Drei Wochen hat die Front gedauert. Zwei Wochen waren wir bei dem Bauern und eine Woche im Keller.

Die zerstörte Kirche in Straden 1945.

Vierzig Personen haben Unterschlupf bei diesem Bauern gefunden. Ein Matratzenlager ist eingerichtet worden, aber auch dorthin sind die Russen gekommen. Durch eine List ist es dem Bruder gelungen, seine Schwester vor der Vergewaltigung durch die Russen zu schützen.

Die Russen haben ja kein Feuerzeug gekannt. Sie haben Zündhölzer gehabt. In der Nacht, wie wir so schlafen, kommen sie wieder und haben mit den Zündhölzern Licht gemacht. Mein Bruder hat dann gesagt: „Maria, jetzt legst du dich da her, wo ich lieg, und ich leg mich da her, wo du liegst. Wenn der Ruß Licht macht, sieht er, wo du liegst, aber wenn es finster ist, legst dich da her, wo ich lieg." Der Russe hat sich gedacht: „Und jetzt drauf auf dieses Mädl." Mein Bruder und ich haben aber schnell Platz getauscht, und wie der Russe rübergreift, da sagt mein Bruder: „Ja, Russe, was willst du von mir?"

Deshalb hat er dann noch länger beim Stellungsbau arbeiten müssen – das war die Strafe.

Kann man vergessen?

Die Zeitzeugin lebte zur Zeit des Kriegsendes in St. Kathrein im Walde. Zu den Entbehrungen des Krieges kam noch die sinnlose Zerstörungswut. Noch schlimmer aber war, daß die Seele eines unschuldigen Kindes schrecklich mißhandelt wurde.
Bis heute hat sie diese grauenhaften Erlebnisse nicht vergessen können. Deswegen möchte sie nicht länger schweigen und für all die Frauen sprechen, denen es ähnlich ergangen ist.

Der Name
ist der Redaktion bekannt.
Aus persönlichen Gründen
möchte die Zeitzeugin
ungenannt bleiben.

Dann ist ein Mongole gekommen, der hat zu mir gesagt: „Du schönes Mädchen.“ Er hat mich aufgehoben, auf das Bett geworfen und das Gewehr neben das Bett gelegt. Im ganzen Zimmer waren Russen. Ich habe geschrien, meine Mutter stand am Herd und wollte mir zu Hilfe kommen. Die Russen haben sie nicht durchgelassen, aber da war dann so ein netter russischer Koch, der gerade vor dem Haus gekocht hat. Als er hörte, daß ich um Hilfe schrie, kam er ins Haus und sah, daß der Mongole mich vergewaltigen wollte. Er ist dann zu einem Offizier gegangen; die Offiziere sind an unserem Tisch gesessen. Dieser Offizier hat mit dem Mongolen auf russisch fürchterlich geschrien; der wollte mich trotzdem noch immer nicht loslassen. Deshalb hat der Offizier den Mongolen, der schon halb ausgezogen war, aus dem Bett gezerrt, bei der Tür hinausgeworfen und mit dem Gewehrkolben niedergeschlagen. Der Koch hat mich von da an immer beschützt. Er hat mich mit einem Gurt bei sich angebunden, und so sind wir gelegen. Wenn jemand versucht hat, mich wegzuziehen, hat er ihn geschlagen. Für die erste Zeit war ich sicher, aber er mußte dann wieder weiterziehen, und es sind immer wieder neue Truppen nachgekommen.

Dem Offizier und dem Koch habe ich sehr leid getan. Der Koch hat mir erzählt, daß er auch so ein kleines Mädchen zu Hause habe, und wenn ich könnte, sollte ich so schnell wie möglich weggehen. Aber wo hätten wir denn hingehen sollen? Es waren schon überall die Russen!

Es hat aber auch sehr nette Russen gegeben. Einer kam bei der Tür herein, kniete vor unserem Marienbild nieder und betete, der nächste, es war ein Mongole, hat es dann von oben bis unten auseinandergehackt. Dieses Bild steht heute noch in meinem Elternhaus als Andenken an diese schreckliche Zeit.

Meine Schwester und ich haben uns dann für einen Moment in unser Bett gelegt und die Decken über unsere Köpfe gezogen, damit uns niemand sieht. Einer hat aber die Decken doch hochgehoben und uns entdeckt. „Was, zwei Mädchen – kommen!" hat dieser Russe gesagt. Meine Mutter konnte uns nicht mehr helfen. Dann mußten wir eine längere Strecke mitgehen. Mich haben sie in eine etwas abseits gelegene Hütte verschleppt, und meine Schwester haben sie in den Wald mitgenommen – hier wurden wir zum ersten Mal vergewaltigt, ich war erst fünfzehn Jahre alt ...

Dann haben wir noch so viel bitten müssen, daß sie uns nicht ganz mitnehmen. Ich habe auf den Knien gebeten: „Heim zur Mama, bitte heim zur Mama!" Dann hatte er doch Erbarmen und ließ mich gehen.

Das ganze darauffolgende Jahr bekam ich keine Menstruation, und wir dachten deshalb schon, daß ich schwanger bin – das war dann Gott sei Dank nicht der Fall. Wir hatten dann noch schreckliche Angst, daß die Russen uns angesteckt haben, was Genaues wußten wir ja nicht.

Alle Mädchen und Frauen in der Umgebung sind vergewaltigt worden, von vierzehn bis siebzig Jahren, ohne Ausnahme!

Wie aus einem Fallschirm eine Dirndlbluse wurde

Bis zu ihrer Heirat lebte und arbeitete Mathilde Geißler in Dietzen. Dort besaß der Onkel eine Landwirtschaft. Heute ist Mathilde Geißler hauptberuflich Oma und bekocht die ganze Familie. Und wer die immer gutgelaunte, resolute Oma Geißler aus Halbenrain kennt, der kann sich gut vorstellen, daß nicht einmal ein Russe mit vorgehaltener Pistole sie zum Wäschewaschen zwingen konnte.

Mathilde Geißler
Halbenrain

Noch der SS, die san in der Früh abzogen, und den ganzen Vormittag war es ganz still, san die Russen kommen. I war grod beim Nachbarn, und wir saßen an dem Tisch, do sogte da Hausherr auf einmal: „Jesses na, schaut's aussi, Dirndln, die Russen kommen!" Dem Moment wor die ganze Stubn scho mit Russen voll. Do hamma grod an Stritzl bochen ghabt – der wor natürlich glei weg. Als nächstes ham s' die Radln gsuacht. Wir san ober gschwind gwesen und ham die Radln im Stroh versteckt. So hamma unsere Radln daholten. Mitglebt hamma mit die Russen a vierzehn Tog guat; die Russen ham uns do jeden Tog so a Suppenfleisch gebn – zuerst hamma des dei Schweindln verfüttert, bis ma draufkommen san, daß ma mit dem Fett jo Seifen mochen können. Do hamma uns dann an Laugenstein besorgt, und do hamma Seifen gmocht.

Dann wollt ich noch erzählen – ich hätt jo für an Russen die Hemden waschen solln. Die Hemden warn aus da Rohseide von dei amerikanischen Fallschirme, schneeweiße Seide und stoak. I hab mi dann einmal beschwert beim Russen, weil er Läuse ghabt hot. Dann hot a ma an Revolver vorghalten und gsogt: „Muß waschen!" sonst würd er mich erschießn. Dann bin i zu an höhern Herrn gangan und hob ihm des erzählt, daß der Ruß mich hot erschießn wolln – und der is dann kommen und hot an Radau gmacht und die Hemden vom Zaun obergrissen und is drauftrampelt. Wie die Russen dann fort warn, hob i die zwei Hemden gnommen, hob s' ausbrennt, damit die Nissen alle hinwerdn, und von die zwei Hemden hob i mir a wunderschöne Dirndlbluse nähen lassen, und die Dirndlbluse hob i mindestens so ocht, zehn Joahr ghabt – dei is net zum Hinmachn gwesen!

Russischer Soldat 1945 in der Steiermark.

Der Duft des Orients

Frau Theresia Nöst hat zu Kriegsende in Graz-Waltendorf gemeinsam mit ihrer Mutter und Großmutter gelebt. Ohne Mann im Haus blieb den drei Frauen nichts anderes übrig, als ihr Schicksal selbst in die Hand zu nehmen und keine Furcht zu zeigen, vor allem den Russen gegenüber nicht. Theresia Nöst hatte Glück; es passierte ihr und ihrer Familie nichts – im Gegenteil, sie erhielt gute Arbeit bei den Russen und einen Kavalier obendrein.

Theresia Nöst
Graz

Wir haben bei den Russen arbeiten müssen, wenn man keine Arbeit ghabt hat, denn sonst hat man keine Lebensmittelkarten bekommen. Jetzt war ich dann drei oder vier Tage drüben in der Reiterkaserne zugeteilt und hab dort müssen Kartoffeln schälen, Gschirr spülen und solche Sachen halt. Ich mußte dann von dort immer recht weit heimgehen, und das war ja nicht so ohne, deswegen war ich froh, wie ein Bekannter, der Schneider gwesen ist, gsagt hat, daß er noch jemanden zum Nähen braucht. Er hat für den russischen Major, der in der Ruckerlberggasse die Kommandantur über die Rechtssachen in Graz überghabt hat, gnäht. Er hat auf jeden Fall gfragt, ob ich nähen will. „Najo", hab i mir docht, „des is ganz guat, wenn i z'Haus nähen kann." Er hat mich dann mit rübergnommen, und da hat mir der Major die Stoffe zeigt – wunderschöne Stoffe. Der Dolmetscher hat mir übersetzt, daß ich Stoffe haben kann, wenn ich halt a bisserl lieb zu dem Major bin. Ich war dann natürlich sehr entrüstet und hab gsagt, daß ich lieber nackert geh, bevor ich da an Stoff nehm. Der Dolmetscher hat das übersetzt, und der Major hat dann so viel glacht.

Anstellen um Nahrungsmittel. ➠➠

GASTWIR
GOLDENE
EL.
93

Ich hab die Stoffe gnommen und Herrenhemden draus gnäht, so gut's eben gangen is, na bitt schön, des hab i können! Der Herr Vojanisch hat mir des dann immer mit hinübergenommen. Eines Tages is er kommen und hat mir ausgrichtet, daß der Herr Major halt wünscht, daß ich die Hemden selber abliefere. „Na guat, bring ich das halt selber rüber" – es war schon gegen Abend, und um acht Uhr war Ausgangssperre. Dann sagt der Herr Major, ich soll unten warten, und schickt den Herrn Vojanisch nach Hause. Ich hab mir dacht, „na, des wird ja heiter", und ich hab dann auch gsagt, daß ich um acht Uhr zu Hause sein muß.

Er hat mir durch die Dolmetscher, das war ein rumänisches Ehepaar, ausrichten lassen, daß ich mir keine Sorgen machen soll und daß er mich zu einem Abendessen einladet. Dann hat die Dolmetscherin gsagt, daß sich der Herr Major entschuldigen läßt und sich nur schnell umzieht. Wie er zurückgekommen ist, hat er nach allen Düften des Orients gerochen und war recht fesch angezogen, so mit schwarzem Anzug und Krawatte. Wie ich dann zum Schauen komm, waren auf einmal die Dolmetscher weg. So, jetzt war ich mit dem Major allein!

Er hat dann a schöne Musik aufglegt, sich auf das Sofa gsetzt und mir halt auch zu verstehen gegeben, daß ich mich neben ihn setzen soll. Nebenbei hat er dann noch Wein getrunken, und da ist es mir zu blöd geworden und hab sehr resolut gsagt: „Und jetzt geh ich z'Haus." Ma hat ja net wissen können, wie das weitergeht; er hat getrunken, na, ma weiß ja nicht. Ich hab dann noch gsagt, daß er mir jetzt an Mann mitgeben soll, weil allein darf ich ja nimmer z'Haus gehen. Er sagte: „Nein", er geht selber mit. Na, dann sind wir die Ruckerlberggasse hinaufgegangen und in den Managettaweg eingebogen, und bei der scharfen Kurve, ich weiß es noch ganz genau, bleibt er stehen, nimmt mich in die Arme und will mir ein Busserl geben. Ich hab dann ausgholt und ihm a saftige Watschn geben, daß es glei so kracht hat! Ich hab mich dann selber gschreckt, zuck zurück, und dann gehen wir weiter, und er sagt kein Wort. Wo ich wohn, hat er gwußt. Vor der Tür hab ich dann gsagt: „So und jetzt gute Nacht." Und er gibt mir die Hand und sagt: „Gute Nacht, du gutes Mädchen, du."

Nach einem Bombenangriff auf Graz 1945. ➠

Grenzgänger

Sechs Jahre war Edith Maderebner jung, als sich ihr Leben von Grund auf veränderte. Ihr Vater war wegen seiner Parteizugehörigkeit auf der „Liste" und wurde gesucht. Damit begann für die Familie eine Odyssee. Sie begann auf einem Fahrrad und endete auf einem Auswanderungsschiff. Dazwischen lagen Wochen der Unsicherheit und Angst.

Edith Maderebner
Leibnitz

Da ich ja so klein war, hab ich nicht gewußt, warum meine Eltern so aufgeregt waren. Ich bin dann erst später draufgekommen, daß mein Vater Nazi war, und deshalb mußten wir flüchten. Mein Vater mußte sich am Kriegsende verstecken, ich habe ihn die nächsten paar Monate auch kaum zu Gesicht bekommen.

Meine Mutter und ich sind dann von Marburg nach Graz geflüchtet, und ich kann mich noch erinnern, meine Mutter hatte mich hinten auf ihrem Fahrrad: Wohin man sah, lagen Tote, Tote, Tote – ein furchtbarer Anblick, den ich nie vergessen werde.

Das erste Versteck war ein Bauernhaus in der Nähe von Graz. Dort waren auch russische Soldaten einquartiert. Die kleine Edith mußte das Essen der Russen vorkosten, weil diese in ständiger Angst lebten, vergiftet zu werden.

Und dann sind wir nach Graz zu meiner Urgroßmutter gekommen, dort ist auch mein Vater erschienen, und wir waren dann alle zusammen. Dort ist dann besprochen worden, daß wir weiterflüchten müssen. Mein Vater hatte Angst, da er, obwohl er nichts verbrochen hatte, auf der Liste stand und gesucht wurde. Ich hörte immer wieder: „Amerika, Argentinien."

7

Pasaporte nº 119
Titular: Edith Suppan
Visto en este Consulado de la República Argentina.- Bueno para viajar con sus padres a la República.- Permiso telegráfico Exp. Nº 57628/46.- Demostrarse nieta de Carolina Werber de Eder con partida de nacimiento, a los efectos del Art. 3º Ac. A. Dec. 19/1/34.-
Zürich, el 23 Abril de 1947.-

HUMBERTO ALEMAN
CONSUL

AÑOS 1945/47
SERVICIO CONSULAR
27 50 PESOS M/N
0.192636

AÑOS 1945/47
SERVICIO CONSULAR
27 50 PESOS M/N
0.192637

AÑOS 1945/47
SERVICIO CONSULAR
27 50 PESOS M/N
0.192638

AÑOS 1945/47
SERVICIO CONSULAR
27 50 PESOS M/N
0.192639

CONSULADO DE LA REPUBLICA ARGENTINA

No. de Orden 1749
No. del arancel 54 c
Derecho percibido $ 110.-
Fs. Suizos 116.-

Aus dem Reisepaß von Edith Maderebner.

Mit dem Zug konnte sich die Familie schließlich bis Vorarlberg durchschlagen.

In Vorarlberg ist noch ein Herr zugestiegen, der mit uns über die Grenze wollte. Einem weiteren Herrn, den ich nicht kannte, gaben meine Eltern das letzte Geld, das wir noch hatten, und wir wurden im Keller eines Hauses einquartiert. Dort sind wir drei bis vier Tage und Nächte nur bei Wasser und Brot gesessen und haben diskutiert, wie wir über die Grenze kommen könnten. Eines schönen Tages hieß es: „Nun ist es soweit!" Wir konnten keinen Koffer mitnehmen, gar nichts, nur das, was wir am Körper hatten. Wir sind dann zu einem Friedhof geführt worden, und dort mußten wir warten, bis es finster war. Um 11 Uhr oder 12 Uhr nachts ging es los, da hieß es: „Nun könnt ihr über die Grenze gehen." Zuerst sind wir ein Stück gegangen – auf einmal war vor uns ein riesenhoher Stacheldraht. Ich weiß nicht, war er zwei oder drei Meter hoch oder noch höher. Dort mußten wir durch. Mein Vater hat zu mir gesagt: „Ich sag dir nur eines: Wie du da durchkommst, das mußt du selber können, wir können dir jetzt nicht mehr helfen!"

Ich dachte mir: „Wie komme ich da durch ...?" und bin unter dem Stacheldraht durchgekrochen; er war irrsinnig hoch und breit. Meine Eltern sind teilweise über den Zaun geklettert, teilweise unter dem Zaun durchgekrochen. Nach etwa einer halben Stunde oder einer Stunde oder noch länger kamen wir hinter dem Stacheldraht an, wir waren zerfetzt, es hat alles geblutet. Mein Vater hat gesagt: „Bitte fang ja nicht zu weinen an, es ist unmöglich." Dann sind die Scheinwerfer gekommen, die Hunde haben gebellt. Wir wagten uns nicht zu rühren, wir wagten nicht einmal zu atmen. Mein Vater hat gesagt: „Sofort zu Boden!" Denn sonst hätten uns die Scheinwerfer erreicht, und die Hunde hätten uns gerochen.

Am Boden liegend, sind wir dann weitergerobbt. Auf einmal spür ich ein Loch. Jeder hat das gespürt – das waren Fallgräben, die alle Meter in den Boden gegraben waren.

Jetzt hieß es, die Fallgräben zu ertasten, und wenn die Scheinwerfer von uns weg waren, dann konnten wir über die Fallgräben springen, dann wieder auf den Boden, Licht weg, über den Fallgraben springen –

so ging es endlos weiter – ich weiß nicht, hat es zwei Stunden gedauert oder noch länger.

Aber wir haben es geschafft – und wie wir drüben waren, hat mein Vater gesagt, obwohl er sonst überhaupt nicht bigott war: „Jetzt beten wir ein Vaterunser!"

Doch auch hier in Vaduz war die Familie nicht sicher. Der Mann, der mit der Familie gemeinsam die Grenze überquert hatte, wurde gefangengenommen und nach Österreich zurückgeschickt. Edith und ihre Eltern konnten mit Schweizer Pässen nach Frankreich weiterreisen. Die Großeltern, die schon seit 20 Jahren in Argentinien lebten, schickten das nötige Geld für die Schiffahrt.

Und wir wurden dann eingeschifft auf ein Auswanderungsschiff – da waren ca. 800 Juden oben. In einem Raum 400 Männer, in einem anderen 400 Frauen. Natürlich hat sich da auch allerhand abgespielt: Wenn einer nicht ganz gesund war, einem hat ein Auge gefehlt, einem anderen ein paar Finger, und man ist dann draufgekommen, so wurden diese Menschen sofort abgeschoben. Es haben sich da noch fürchterliche Tragödien abgespielt. Gottlob sind wir dann in Argentinien angekommen.

Ihre Kindheit und Jugend verbrachte Edith Maderebner in Argentinien, wo sie auch die Schule besuchte. Im März 1953 kam sie in die Steiermark zurück. Ihr Vater wurde in späteren Jahren rehabilitiert.

„Und wenn ich zum Hitler höchstpersönlich fahr …“

Wenn man der gebürtigen Eisenerzerin Christine Weissenbacher gegenübersitzt, kann man sich gut vorstellen, wie couragiert sie zeit ihres Lebens war. Mit einem verschmitzten Lächeln erzählt sie die Geschichte, wie sie als junge Mutter von drei Kindern fast verhaftet und ins KZ gebracht worden wäre.

Christine Weissenbacher
Eisenerz

I war a Freiheitskämpferin; i hab ja nie mitgmacht mit den Nazis, nie! I hab immer dagegengarbeitet.

Mein Mann hatte einen Schulkollegen, und der hörte mit uns immer den Fremdsender und der Bürgermeister auch. Wir haben alles mit Decken eingwickelt, das Radio und uns selber, damit wir des alles hörn haben können – ja, des war sehr gefährlich, sehr gefährlich!

Des Postfräulein ist von einem zum anderen gangen, die sie gut gekannt hat. Sie hat ja durch des Telefon gwußt, wie es um die ganze Gschicht steht. Und sie sagt zu mir: „Ja, der Amerikaner wird uns außireißen; der wird uns helfen, daß es endlich a End nimmt.“

In dem Haus, wo i gwohnt hab, do haben wir so ein Plumpsklo ghabt, des wor im Freien, schon im Haus, aber dazugebaut, und i hab im obersten Stock mit mei'm Mann und mit die Kinder gwohnt. Und i erzähl des dem Freund von mei'm Mann und sag: „Du, der Amerikaner ist schon dort und dort.“ Und in dem Klo sitzt ein alter Mann und hat mich verraten. Jetzt hab ich müssen auf die Polizei gehen, und da haben wir einen Inspektor ghabt von Fischbach, der hat solche Augenbrauen ghabt wie der Weigl von Bayern oder noch mehr, und meine Kleine, die Heidi, die war ja verschossen in den Mann, und er hot jo Kinder auch sehr gern

Adolf Hitler in Wien.

ghabt. Der sagt zu mir, i soll net so viel herumerzählen, sonst muß er mich melden und i komm ins Konzentrationslager. Dann hab i gsagt: „Ja, Herr Inspektor, i hab ja gar nichts verbrochen, was hab i gmacht?“ – „Ich weiß schon lange, was Sie machen – ich muß Sie einmal melden!“ Dann hab i gsagt: „Ja, Herr Inspektor, was wird dann aus meine Kinder?“ Er hat dann zu mir gsagt: „Es sind schon mehr Kinder ohne Mutter erzogen worden!“ – so grad heraus. Ich hab dann geantwortet: „Der Hitler zahlt für die Kinder und ehrt die Mütter, und ich werd ihm jetzt schreiben, was Sie gsagt haben!“ – „Ja, wo wollen S’ denn da hinschreiben?“ – „Ich schreib ihm selber, und wenn i außifahren muß nach Berlin, ist es mir auch egal.“ Da war ich ganz kalt.

Dann hat er des weggsteckt und nicht ein Wort mehr gsagt!

Durchhalteparolen

Gemeinsam mit anderen Frauen und Kindern wurde Ingigerd Müller schon 1943 aus Graz evakuiert und auf der Tauplitz einquartiert. Die Frauen waren mit ihren Kindern in einem Gasthof untergebracht. Dort haben sie auf das baldige Kriegsende gehofft. Während auf der Tauplitz immer mehr Flüchtlinge eintrafen, haben sich die Frauen gefragt, wer es zuerst zu ihnen schaffen würde: die Amerikaner, die Engländer oder die Russen. Am selben Ort wurde von den Deutschen noch ein Propagandafilm für die deutsche Wehrmacht gedreht.

Ingigerd Müller
Graz

Die Ufa, die ehemalige deutsche Filmgesellschaft, die hat Marsfilm geheißen, und die haben Filme gedreht für den Sieg. Dieser Film, der auf der Tauplitz gedreht worden ist, hat „Stoßtruppunternehmen Theodor van der Pforten" geheißen. Da ist mit Handgranaten geworfen worden, die sind mit den Schiern gefahren zum Unterricht der Truppe. Alle, die beim Filmstab waren, sie waren aus Berlin, haben nur den Kopf geschüttelt darüber, daß irgend jemand noch annehmen konnte, daß der Krieg zu gewinnen ist. Sie selber waren glücklich, daß sie auf einer Alm waren und dem ganzen Inferno in Berlin entkommen konnten, und haben munter weitergedreht.

Wir haben uns natürlich große Sorgen gemacht und besprochen, was zu tun ist, wenn die Russen kommen. Es hat ja geheißen, die Russen bringen uns alle um. Plötzlich kam das Gerücht auf, die Amerikaner wären schon in Salzburg oder in Ischl. Mein Vater war krank und ist im Spital von Ischl operiert worden. So bin ich nach Ischl gefahren und hab meinen Vater besucht. Jetzt hat's geheißen, im Kurhaus von Ischl wird ein Film gedreht – eben dieser Film! Ich bin dann in der Nacht noch hin

Das Naturfreundehaus auf der Tauplitz.

mit einer Freundin, und wir sitzen dort, da sagte der Oberste von dem Filmstab: „Meine Herren, dieser Film wird uns beim Oberkommando des Heeres“ – OKH hat's geheißen – „viel Ehre einbringen.“ Er sagt das, die letzte Klappe fällt, und dann war schon Panzeralarm, und die Amerikaner sind in Ischl eingefahren.

Der Bäcker als Postmann und Als ich den Vater wiedersah ...

Maria Kerschenbauer bewohnt heute ein schönes Haus in Knittelfeld. Dort hat sie viele junge Menschen heranwachsen gesehen: ihre eigenen Kinder und jene Kinder, die sie als „Patenmutter" großgezogen hat. Aus eigener Erfahrung weiß Frau Kerschenbauer, wie schmerzhaft es ist, wenn die Familie getrennt ist. Sie hat ihren Vater fast ein halbes Jahr nicht gesehen. Für sie war es daher auch immer ihr Traumberuf, Kindern aus zerrütteten Familien ein Zuhause zu geben.

Maria Kerschenbauer
Knittelfeld

Angefangen hat das so: Am 8. Mai war der Krieg aus, und der Vater ist so wie gewöhnlich in der Früh arbeiten gangen; von dort ist er nicht mehr zurückgekommen. Später, wie wir ihn wiedergefunden haben, hat er uns erzählt, daß er die ersten drei Tage gar nicht weit weg von uns in einem Gasthof, „Ziegler" hat das gheißen, eingesperrt war, und von dort hat er uns sogar einkaufen gehen sehen, und wir haben nicht gewußt, daß der Vater da interniert ist. Von dort sind sie dann weit marschiert, und die Endstation war ein Gefangenenlager in Wien.

Mit dem Vater war auch der Bäcker aus Mariazell eingesperrt. Der Bäcker durfte aber wieder nach Hause, weil er in der Bäckerei gebraucht wurde. Diese Bäckerei war es auch, die das Gefangenenlager in Wien mit Brot versorgte.

Von dem Bäcker erfuhr also meine Mutter, wo mein Vater gefangengehalten wurde. Der Bäcker hat dann zu meiner Mutter gesagt, wenn sie Post für meinen Vater hat, soll sie ein Brieferl schreiben, aber so klein wie möglich, und er wird es im Brot versteckt überbringen. So wurde eine Verständigungsmöglichkeit zwischen meinem Vater und meiner Mutter geschaffen.

Am 28. August besuchte ich meine Großmutter in Radegest. Von ihr bis zum Bahnhof waren es zwei Stunden, und ich bin halt um zwei Uhr von ihr weg, damit ich den Zug um vier Uhr erreiche, der in St. Pölten abgefahren ist. Wie ich mich von meiner Großmutter verabschiede, sagt sie: „Grüß Gott und schaust halt, daß du den Vater bald mit heimnimmst" – einfach so. Ich sag drauf: „Ja, das wär schon schön" und bin meinen Steig gangen. Wie ich am Bahnhof angekommen bin, hat mich der Vater schon gsehen. (Er war freigelassen worden und wartete auch auf den Zug aus St. Pölten nach Mariazell.) Er ist in der Unterführung ganz allein gstanden und hat dort auf mich gwartet – und ich geh vorbei und hab ihn nicht gekannt ... Der Vater hat dann gsagt: „Mitzi, kennst mich nicht?" Ich hab ihn dann nur an der Stimme erkannt ... die Russenfrisur, so mager, der Steirerrock und der Rucksack, ganz zerrissen ..., aber der Rucksack, hat er gsagt, der war seine Heimat ...

Der zerstörte Hauptplatz in Knittelfeld 1945. ➠➠

Die steirische Kampfgemeinschaft

1943 wurde Walter Kosmus zum Reichsarbeitsdienst eingezogen. Im folgenden Jahr kam er zur deutschen Wehrmacht, zu den Gebirgsjägern. Walter Kosmus wollte aus innerster Überzeugung an diesem Krieg nicht teilnehmen. Er desertierte und flüchtete nach Graz. Sein Bruder Ferdinand Kosmus hatte dort den Widerstand organisiert und die „Steirische Kampfgemeinschaft" gegründet. Walter Kosmus tauchte in Graz unter und arbeitete in den letzten Kriegsmonaten für den Widerstand. In Graz erlebte er auch die letzten Kriegstage.

Walter Kosmus
Graz

Am letzten Tag, die SS stand noch vor dem Landhaus, fuhr ich mit dem Fahrrad durch die Herrengasse zu unserem Stützpunkt in der Murgasse. Wir hatten schon die rotweißrote Fahne gehißt; da wurden wir noch von der SS angegriffen, es wurde hinaufgeschossen auf die Fahne, und sie versuchten, durch das Stiegenhaus hochzukommen. Sie wurden aber von unserer Gegenwehr wieder abgedrängt und verließen das Haus. In der Girardigasse war eine Dienststelle der NSDAP untergebracht. In der Dienststelle, so wurde ich informiert, befanden sich Waffen zum Abholen. Ich ging durch die einzelnen Büroräume und riß die Hitlerbilder von den Wänden, und da kam mir die Hausmeisterin unter, und ich sagte zu ihr, daß sie die rotweißrote Fahne aus dem Fenster hängen soll. Und das war dann typisch, denn sie sagte: „Geben Sie mir das schriftlich, daß ich das darf."

In der Nacht sah Walter Kosmus deutsche Truppen mit Panzern und Fahrrädern durch Graz ziehen. Sie waren auf der Flucht vor den anrückenden Russen.

Anstellen um Brot. ➠
Kundgebung gegen den Faschismus in Graz im Mai 1945. ➠➠

Bäckerei Wolfbauer

Tod dem Faschismus
KP
KP

aus mit den
DEM FAS
KP

Ich ging zum Paulustor, wo mein Bruder und die anderen Leute unserer Kampfgemeinschaft waren, und dort sah ich die ersten Rotarmisten. Was die besprachen, weiß ich nicht. Mein Bruder hat mich ersucht, daß ich am Vormittag im Paulustor Dienst versehen soll, denn im Hof vom Paulustor lagen Berge von Waffen, und die Leute haben sie geholt; meine Aufgabe war es jetzt, niemanden mehr mit einer Waffe hinausgehen zu lassen, wenn er nicht ein Berechtigungsschreiben meines Bruders besaß. Als ich so stand und meinen Dienst versah, kamen zwei SS-Offiziere und zwei SS-Unteroffiziere. Die Unteroffiziere hatten eine Maschinenpistole in der Hand, und einer der Offiziere ging auf mich zu, fast so nahe, daß er mit seiner Nase meine berühren konnte, und herrschte mich an: „Was geht hier vor?" Ich sagte: „Sie sehen ja, es ist vorbei." So standen wir – ich hatte natürlich schreckliche Angst, denn sie konnten zu jeder Zeit von ihrer Waffe Gebrauch machen. Ich sandte Post in den Hof hinein, daß da SS-Offiziere waren, aber es ist niemand gekommen. Nach einer Zeit, die mir unendlich lang erschien – ich seh mich heute noch dort stehen, man hätte das Klappern der Zähne hören können, solche Angst hatte ich –, sind sie weggegangen.

Nach diesem Erlebnis zog sich Walter Kosmus mit einigen Widerstandskämpfern in eine Villa nach Mariagrün zurück, um abzuwarten.

Am Morgen kam der Hansl und sagte, wir sollen die französische Flagge aus dem Fenster hängen, und wenn uns jemand fragt, sollen wir sagen, daß das der Stützpunkt zur Rückführung der französischen Fremdarbeiter ist. Der erste russische Offizier, der vorbeigekommen ist, hat auf französisch anfragen lassen, was das mit der Fahne zu bedeuten hätte, und der Hansl hat es ihm dann auch auf französisch erklärt. Nach einem längeren Gespräch salutierte der Offizier und ging fort.

Gleich nach Kriegsende begann für Walter Kosmus die politische Arbeit bei der kommunistischen Partei. Er engagierte sich in der Jugendarbeit.

Liebster und meine liebsten Kinder

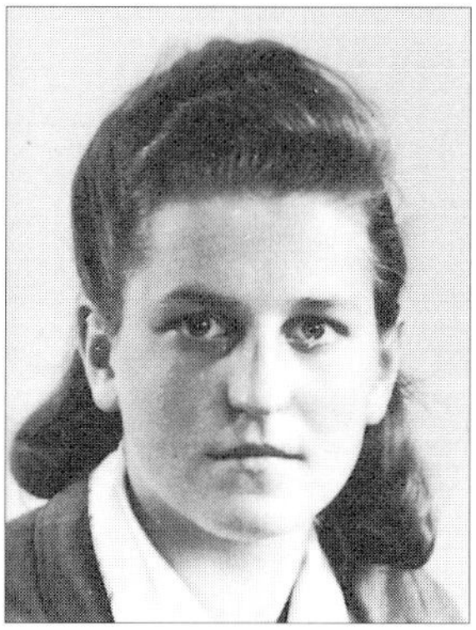

Rosina Maxl
Vordernberg

Besonders schwierig hatte es die Familie Schweinegger in Vordernberg, Bezirk Leoben. Der Vater, Sozialist und aktiver Widerstandskämpfer, wurde mehrmals verhaftet, zum Tode verurteilt und wieder begnadigt. Die sieben Kinder lebten in ständiger Angst um die Eltern. 1944: Die Mutter befand sich in Tragößß bei der Schwester. In deren Haus trafen sich heimlich die Partisanen. Im August 1944 wurde die Schwester denunziert. Von nun an waren die älteren Geschwister für das weitere Wohl der Familie verantwortlich.

Dann ist die SS gekommen und hat alle mitgenommen; die Tante, zwei Töchter im Alter von fünfzehn und sechzehn Jahren, und meine Mutter haben sie nach Leoben und von dort weiter nach Ravensbrück gebracht. Der Onkel war krank und ist im Bett gelegen. Die SS hat ihn herausgezerrt und ihn gleich nach Dachau gebracht. Wir haben keine Post bekommen, die ist auf der Post unterschlagen worden. Die Briefe wurden geöffnet, und die haben sich fast zu Tode gelacht.

Endlich, im Februar 1945, erreichte das erste Lebenszeichen der Mutter die Familie Schweinegger.

Februar 1945
Liebster und meine liebsten Kinder!

Ich schreibe Euch heute schon zum vierten Mal – und noch immer keine Antwort. Macht Euch keine Sorgen um mich. Es geht mir gut, und ich komme wieder. Was ist mit meinen Buben, sind sie beide an der Front? Was ist mit meinen drei Kleinen (= die Enkel sind gemeint, Anm. durch Frau Maxl)? Schreibt mir wenigstens, wie es zu Hause zugeht! Ich

Fahrgenehmigung

Frau Maria S c h w e i n e g g e r , geb. 3. Juni 1897 in Dragöss bei Bruck a.d. Muhr /Österreich, befindet sich auf der Heimreise vom Konzentrationslager Ravensbrück bei Fürstenberg nach Wien. Frau Marie Schweinegger war unter der Nummer 75 097, Block 12, im Lager Ravensbrück registriert.

Ich bitte alle Angehörigen der alliierten Besatzungsarmeen sowie die deutschen Dienststellen, Frau Maria Schweinegger auf ihrer Heimreise behilflich zu sein.

Der Landrat
des Kreises Ostprignitz
I.A.

Kyritz, den 15. Juni 1945.

Пропуск.

Госпожа Мария Швейне... род. 3 июня 1897 в Драгесе ок... ...ке на Муре / Австрии, находится в пути в родину из концентрац...ного лагеря Равенсбрюка око... ...юрстенберга. Она отправляется в Вену. Г-жа Марин Швейнеггер была зарегистрирована ... лагере Равенсбрюке под ном... 75097, Блок 12.

Я прошу командование ...всех войсковых частей Союзн... оккупационных Армий госпожи Марии Швейнеггер при ея поездке на родину оказывать содействие.

з. Ландрат
уезда Остпригниц
/подпись/

Кириц, 15 июня 1945.

Bürgerschule
Wittenberge (Bez. Pdm.) d. 22.6.45.
Poeppel.

1 Urlaub... f. 3 Tage 22.–24.6.45.
erh.

Umstehende hat sich am 25.6.45 in Wittenberg gemeldet, sie befindet sich auf dem Wege nach

Wien

25. JUN. 1945

3. JUL. 1945

Uepflegt am
5.7.45

Kartenstelle Wels

2 Tageskarten erhalten
vom 10.7. bis 11.7. 1945

Stadt Wels

Lagerleitung
Bairischer Garten

R.- mit 2 Tge bis ?.7.45

bin immer so in Sorge um Euer Wohl. Mir geht es ganz gut, die Arbeit ist gut. Schnee haben wir keinen.

Viele tausend Busserl an Euch alle, meine Liebsten.

Eure Mutter

Es begann eine Zeit des Hoffens und Wartens – täglich fragte man sich: „Wann ist endlich der Krieg aus?"

Und am 20. April ist die Nachbarin zu uns herübergekommen, die hat immer den „Engländer" gehört und behauptet, daß der Krieg zu Ende ist. Ich bin beim Tisch gesessen und hab geweint und hab mir gedacht: „Gott sei Dank, jetzt kommt die Mutter heim." Das war mir das Allerwichtigste – wir Kinder waren ja alle zusammen. Es hat dann aber noch bis August gedauert, daß die Mutter nach Hause gekommen ist.

Am 8. Mai sind die Russen in Vordernberg einmarschiert. Es waren hier zweihundert Russen stationiert. Sie haben dann meinen Vater und andere Widerstandskämpfer sofort auf die Kommandantur geholt. Von 1945 bis 1947 war er dann Bürgermeister in Vordernberg. Danach ging er wieder seiner täglichen Arbeit am Erzberg nach.

Von der Mutter kamen keine Briefe mehr, jedoch noch im Mai kehrte der Onkel zurück.

Der Onkel stand im Mai vor unserer Tür; aber wirklich wie die KZler: mager, mit einem Jutesack, und dann ist er zusammengebrochen. Er hat nicht mehr nach Hause können, nach Tragöß. Wir haben ihn in ein Bett gelegt. Mein Vater hat einen Wagen organisiert mit einer Kuh oder mit einem Ochsen, und da haben sie den Onkel hineingelegt und nach Tragöß transportiert. Dort ist er dann nach vierzehn Tagen oder drei Wochen gestorben. Er wollte nur heim.

Die nächsten drei Monate verbrachten die Kinder in der Hoffnung auf die Rückkehr der Mutter. Was die Familie Schweinegger nicht wissen konnte: Die Mutter war seit ihrer Befreiung aus dem KZ Ravensbrück im April zu Fuß von Norddeutschland nach Linz unterwegs.

Ein Mann hat sie auf einem Motorrad von Linz bis nach Wien mitgenommen, und im August 1945 ist die Mutter dann heimgekommen – das war wirklich das Schönste!

Wie borge ich mir einen Mann aus?

Maria Herzig ist heute noch mit ihren 82 Jahren eine quirlige und aufgeweckte Person. Wenn sie zu erzählen anfängt, vergißt man für kurze Zeit, wie schwer und entbehrungsreich die Kriegs- und Nachkriegszeit war. Ihrem Humor verdankt sie es auch, daß sie trotz aller Schwierigkeiten ihre positive Lebenseinstellung nicht verloren hat.

Maria Herzig
Judenburg

Wir hatten ein Wochenendhaus in St. Wolfgang, und da haben wir die Nachricht bekommen, daß dort eingebrochen wurde. Mein Mann ist dann sofort hingefahren, und ich bin mit meinen beiden kleinen Kindern zu Hause geblieben. Nachmittags bin ich zum Bahnhof spazierengegangen, und da haben mich einige Russen gesehen. Ich bin zurückgegangen, und es hat gar nicht lange gedauert, da hat es vor der Tür geläutet – es war ein Ruß draußen, der muß mir nachgegangen sein. Er hat dann gsagt, daß er am Abend kommt und daß sie am Abend hier feiern werden. Ich hab dann gsagt: „Na, das geht nicht. Ich hab zwei kleine Kinder." Daß mein Mann nicht zu Hause ist, hab ich ja nicht gsagt. Die Russen haben im ganzen Haus herumgschaut und dann die Rotkreuzuniform meiner Schwester gesehen, die war in Litauen, ist dann in das Lazarett hierher versetzt worden und hat bei mir gewohnt. Darüber war ich recht froh, sonst hätten sich die Russen womöglich auch noch hier einquartiert.

Meine Schwester ist dann nach Hause gekommen, und ich hab dann zu ihr gsagt: „Du, was werden wir heute am Abend machen, wenn die Russen wirklich kommen, wir können uns nicht wehren. Mein Mann ist nicht da, und die Kinder sind noch klein." Sie hat dann gsagt: „Such dir schnell an Mann!" Na, da bin ich dann rübergangen zu der Baracke, die Familie hab ich gut gekannt, und da hab ich zu dem gsagt: „Sie, kommen

Russische Besatzungsoffiziere.

S' rüber, Sie müssen heut meinen Mann spielen." Die Russen sind dann kommen, haben Sachen mitgebracht, einen Sack voll Speck und Wodka mit Wein – das hat meine Schwester noch von Litauen gekannt und mich davor gewarnt: „Du, trink nichts davon, do kriegst schnell an Schwips." Hinten raus hab ich die Tür offenlassen, damit ich einen Fluchtweg hab. Na, die Russen haben sich dann hingsetzt, die Sachen ausgepackt und mich gfragt, ob ich Kinder hab. Ich hab das bejaht, da ist der eine Ruß aufgstanden, hat ein Küchenkastl aufgmacht und da Süßigkeiten reinglegt – „das ist für Kinder, du nicht essen, das mußt du Kinder geben". Ich hab mir dann gedacht: „Na, so schlecht können s' nicht sein, wenn sie so reden." Wir sind dann am Tisch gesessen, meinen Nachbarn habe ich als Mann vorgestellt, die Russen haben gegessen und getrunken. So gegen zwölf Uhr hat es dann auf einmal geläutet, standen zwei hohe Offiziere vor der Tür und haben gfragt, ob hier drei Soldaten sind. Die Soldaten sind dann aufgsprungen, der Offizier hat auf die Uhr gschaut und hat sie recht ausgschimpft. Die sind dann alle gleich abgezogen und haben uns alles liegen- und stehenlassen.

Das war eine Geschichte, die ist Gott sei Dank gut ausgegangen.

Spionageverdacht

Zu Kriegsende, 1945, war Katharina Kraxner (verheiratete Celedin) in Marburg. In den Apriltagen (nach Ostern) wurde die Schule geschlossen, die Schülerinnen blieben zu Hause. Am Abend des 7. Mai wurden auch die Lehrkräfte entlassen, und Frau Kraxner entschloß sich, nach Graz zu fahren und von dort weiter nach Leoben zu ihren Eltern (sozusagen „per Anhalter", da keine Züge verkehrten). Später ging sie nach Friesach zu ihrer Großmutter. Als Katharina Celedin vom Einmarsch der Russen in Leoben hörte, nahm sie Verbindung mit den Eltern auf. Doch dieses Unternehmen wurde fast zum Verhängnis für Frau Celedin.

Katharina Celedin
Graz

Ich hab dann nur noch nachgedacht, wie ich Verbindung mit meinen Eltern aufnehmen könnte. Ich wollte ja auch wissen, ob mein Bruder schon nach Hause gekommen war. Er war bei der Vernichtungsschlacht von Belgrad dabei, und da hatten wir monatelang keine einzige Nachricht von ihm.

Ich bin dann auf die Idee gekommen, wenn der Zug gefahren ist, muß auch der Bahntelegraph noch funktionieren. Ich bin hineingefahren zum Bahnhofsvorstand und hab ihn traktiert, er möge mir das erlauben, aber er wollte nicht recht, wahrscheinlich war es nicht gestattet; dann habe ich ihn so lange gebeten, bis er nachgegeben hat. Es hat dann alles geklappt. Jede Woche durfte ich einmal mit meiner Mutter sprechen. Ich habe alles wunderbar verstanden. Während eines solchen Gespräches hat mich dann meine Mutter einmal gefragt, wann denn die Engländer endlich kommen. Ich hab gesagt, daß ich von nichts weiß. Ich habe nur bemerkt, daß die Panzer weg sind, sicher ein Dutzend Panzer am Hauptplatz in Friesach sind einfach weg gewesen, und das hab ich ihr gesagt. Zwei Tage später, wir waren gerade bei der Heumahd oberm Haus, bleibt ein Jeep vor unserem Haus stehen – ich hab direkt die Bremsen

Zerstörungen nach einem Bombenangriff in Marburg.

gehört! Aus dem Auto ist ein englischer Offizier herausgesprungen und ist zu uns gekommen. Er ist dann zu mir gekommen und hat mich gefragt, ob ich das Fräulein Kraxner bin. Ich hab gesagt: „Ja, das bin ich." Drauf sind wir in die Gaststube gegangen und haben uns dort niedergesetzt. Er hat mich gefragt, mit wem ich telefoniert hab. Ich habe gesagt: „Mit meinen Verwandten, mit meiner Mutter, mit meiner Schwester und mit meiner Cousine." Ich mußte dann ein Protokoll unterschreiben, in dem aufgelistet war, mit wem ich gesprochen hatte und was ich gesprochen hatte und daß nur private Angelegenheiten besprochen wurden. Ich bin später draufgekommen, daß jedes Gespräch abgehört worden war, und das mit den Panzern war ihnen wahrscheinlich verdächtig.

Er ist dann weggefahren mit der Bemerkung: „Sie hören noch von mir!" Ich hab aber nie wieder etwas von ihm gehört.

Die Legende vom „heiligen“ Schwitzhansl

Im Krieg war man nicht nur ein Kind. Man hat sehr viele Dinge, auch schreckliche, miterleben müssen. So wurde die sechsjährige Franziska Lang, geborene Haider, Zeugin, als im Pöllauer Aupark zahlreiche Soldaten bei einem Fliegerangriff getötet wurden.
Heute betreibt Franziska Lang eine Buschenschenke in der Nähe von Hirnsdorf. Die lebenslustige Wirtin bringt ihre Lebenserinnerungen gerne zu Papier.
Und noch heute kommen ihr die Tränen, wenn sie an ihren besten Freund aus Kindertagen zurückdenkt, den „Schwitzhansl“.

Franziska Lang
Hirnsdorf

Eines Tages bin i auch auf der Straßn, hör ich über den Sachriegel, so hat das damals gheißn, das is a so a pflastert's Hügerl, ein Pferd dahergaloppieren. Auf einmal sprengt a Reiter daher und schreit zu mir rüber: „Sag's allen – der Krieg ist aus!“ Einen schöneren Satz können Sie im Leben nie wieder hören wie den: „Der Krieg ist aus!“ Das Aufatmen, die schwere Last vom Krieg – endlich alles vorbei!

Der einzige Satz in meinem Leben, der Bedeutung, tiefste Bedeutung und tiefstes Empfinden ghabt hat – „der Krieg ist aus“ ...

Es hat einen Knecht gegeben, „Schwitzhansl“ haben wir ihn immer gnannt, der hat sich sehr bemüht; den Mist hat er immer austragen, und das Wasser vom Brunnen hat er gholt, und seine Lebensaufgabe waren die Rösser. Die Rösser san die Seinen, hat er immer gsagt. Er war a einfältiger Mensch, aber er hätt alles gmacht für die Rösser. Von früh bis spät hat er sie putzt und gfüttert. Ein Mensch, der so schön schaut auf die Tiere und soviel Arbeit macht und trotzdem ausglacht wird ...

Ob er lesen und schreiben hat können, weiß ich nicht, für mich ist er auf jeden Fall heute noch ein Heiliger. I hab ihm immer zugschaut, und das hat ihn sehr gfreut, daß seine Arbeit jemand beachtet. Außerhalb von

Franziska Lang (links) mit ihrer Mutter und Schwester, ca. 1945.

Pöllau hat seine alte Mutter gwohnt, und da hat er mich auf den Schultern jeden Sonntag immer rausgetragen. Die Mutter hat ihm dann a Häferl Kaffee grichtet und mir a, und ganz oben am Kasten ist a Sackerl mit Würfelzucker gstanden – das war ja damals eine Kostbarkeit, eine Rarität, heute ja gar nicht mehr vorstellbar –, und an Guglhupf haben wir bekommen. Wir haben dann wieder zsammenpackt, und der „Schwitzhansl" hat mich auf den Schultern wieder heimgetragen, daß mir ja nichts passiert. Er war nicht der „große" Heilige, aber es kann auch ein einfacher Mensch ein wirklicher Heiliger sein.

Eines Tages kommt er nicht nach Hause, und i hab schon gwartet, aber der „Schwitzhansl" is net kommen.

Einige Wochen später haben wir erfahren, daß ihm beim Kreuzwirt, das war noch Kampfgebiet, die Russen den Weg versperrt haben und ihm die Rösser wegnehmen wollten. Er hat sich aber vor die Seinen, wie er immer gsagt hat, hingstellt, und da haben die Russen ihn kaltblütig niedergschossen. Roß und Wagen haben sie genommen, und der „Schwitzhansl" hat umsonst sein Leben für die Rösser geopfert.

Der Alptraum

Maria Kern lebt heute mit ihrer Tochter und ihrer Enkelin auf einem Bauernhof in Unterlamm. Die Wirtschaft und die Tiere sind der ganze Stolz der Familie. Trotz ihrer 74 Jahre steht Frau Kern jeden Tag um sechs Uhr auf, um ihr hartes, aber sehr ausgefülltes Tagwerk zu beginnen.
Wenn man mit ihr redet, glaubt man zu wissen, wie ein erfülltes Leben gelebt werden kann –, aber manchmal kann auch sie die Schatten der Vergangenheit nicht abschütteln …

Maria Kern
Unterlamm

Ich weiß schon, es woar in Loipersdorf bei der Friedhofsmauer, Oberberg hot's ghoaßen. Damals bin i erst im vierundzwanzigsten Joahr gwesen, vierundzwanzig Joahr war i erst. In der Nacht sind die Russen gekommen und ham zu mei'm Vater gsagt, daß i meine Papiere und a Gwand mitnehmen soll – sie nehmen mi mit. Sie wollten mi verschleppen nach Rußland. Mein Vater hat die Papiere hergeben, und i hob a Gwand mitgnommen. I hab mi von allen verobschiedet, und nachher hot eine, die auch dabei gstanden ist, gsagt: „Mitzi, wirst do net so blöd sei und mitgehen!" Ein Ruß hot do aufpaßt, der andere hot dort aufpaßt, und i bin net auskommen. Dann hab i mi gwehrt und bin mit die Russen z'Raufen kommen. Der Ruß hot mi aus dem Zimmer außiziehen wollen, und i hab mi soviel gwehrt. Nachher hat er mich aufs Bett aufigschmissen und is auf mir draufkniet. Dann hot er no einige Male gschossen, dann hot er mir wollen die Augen auskratzen und die Nase zreißen. I hob grauft, bin stoak gwesen, dann bin i umgfallen und hinters Bett kommen, dann hot der Ruß solange auf mich eingschlagen, bis i koa Lebenszeichen mehr von mir geben hob, bis i mi net mehr grührt hob. Wie lange i so glegen bin und nix wahrgnommen hob, das woaß i net, nur des hob i ghört, wie die andern gsogt haben, daß i net mehr leb. Die Russen san dann fort. Er hot glaubt, i leb eh net mehr, und so bin i überblieben.

Maria Kern leidet heute noch an den Folgen der schweren Vergewaltigung. Alpträume verfolgen sie oft einen ganzen Winter hindurch. Die einzige Hilfe, die sie von den Ärzten erhält, sind Nerventabletten und gute Ratschläge wie: „Sie müssen halt den ganzen Tag fernsehen, dann werden Sie am Abend schon schlafen können."

Zeitweis hob i schon an ganzen Winter net gschlafen, weil i es so bei die Nerven hob, und do muaß i immer Nerventabletten nehmen. A Weil is besser und dann kommt 's wieder. Do träumt's ma, i kann mi verstekken, wo ich will – do passen die Russen und dort passen die Russen, und i komm ihnen net aus – sie finden mi holt überall.

Russischer Soldat vor einem Wegweiser in der Oststeiermark 1945.

Die Ärztin mit der Peitsche

Olga Steinbrügger
Graz

Olga Steinbrügger lebt heute in Graz-Wetzelsdorf. Ihr Leben war geprägt von der Familie. Die drei Kinder und sechs Enkelkinder füllen auch heute den größten Teil ihres Lebens aus. Eines ihrer liebsten Hobbys ist das Schreiben. Schon als Mädchen interessierte sich Olga Steinbrügger für echtes Brauchtum und die Geschichte ihrer Heimat. Und was mit der Vorliebe für Trachten begann, fand seine Fortsetzung in zahlreichen Zeitungsartikeln und jetzt auch in einem Buch. 1945 war Olga Steinbrügger Schwesternschülerin beim Roten Kreuz. Im Jänner besuchte sie ihren Vater in Graz. Durch die Kriegsereignisse konnte sie nicht mehr in ihr Einsatzgebiet nach Pommern zurück. Um Lebensmittelkarten zu bekommen, suchte sie sich in Graz eine Arbeit. Sie wurde im Grazer Unfallkrankenhaus aufgenommen, wo sie Schreckliches erlebte.

Am 9. Mai um drei Uhr in der Früh sind die Russen von der Körösistraße her eingerückt. Sie haben Verwundete mitgebracht, die dann in das Krankenhaus gekommen sind. Es waren zwei russische Ärzte, die dürften wirklich Ärzte gewesen sein, und eine russische Ärztin. Der Kommandant war eigentlich in Ordnung. Er hat gesagt, daß keine Frau und keine Mädchen angegriffen werden dürfen. Im Krankenhaus war das auch soweit in Ordnung. Die Ärztin, ob sie wirklich eine Ärztin war, weiß ich nicht, die war, gelinde ausgedrückt, ein böses Weib. Sie hat Uniform angehabt, und ihr Kennzeichen war die Peitsche. Heute ist es nicht tragisch, wenn man einem frisch Operierten nicht die Füße wäscht – er verdreckt sicher nicht. Sie hat das aber von einer anderen Schwester verlangt. Die Schwester hat gesagt: „Nein, das mach ich nicht – das ist ein frisch Operierter", und sie hat ihr eine mit der Peitsche drübergezogen. Im Laufe der Zeit hab ich auch einmal eins abbekommen. Ich

Das ehemalige Unfallkrankenhaus in der Theodor-Körner-Straße.

hab da heute noch eine Narbe, das war von ihr. Eine von den Wärterinnen hat Fenster geputzt, und ein Flügel war offen, und die Ärztin wollte sie da runterstoßen. Ein Arzt hat das gesehen und hat im letzten Moment die Frau noch halten können. Er hat dann die Peitsche genommen und hat die Russin zweimal richtig geschlagen. Der Arzt, er lebt heute nicht mehr, war dann allerdings fünf Minuten später verhaftet und war jahrelang in der Karlau.

So, und jetzt kommt das Bittere! Wissen Sie, wie ein achtjähriges Mädchen ausschaut, das von zehn Männern vergewaltigt worden ist, das ist nur noch ein Fetzenbündel. Das Mädchen hat aber noch gelebt. Wir haben oft gesagt: „Es wäre besser, sie würde sterben."

Oder wissen Sie, wie eine hochschwangere Frau ausschaut, der die Hände am Rücken zusammengebunden sind, der Bauch aufgeschnitten ist, und das Kind liegt da, in dem Fall natürlich tot; oder wenn man eine Frau bringt, die von einem Holzpfahl aufgespießt worden ist.

Das waren Fälle, die sie uns gebracht haben. Einmal haben sie uns auf einer Bahre einen vierzehnjährigen Buben gebracht und einen Russen auf einer Bahre. Der Russe hat den Bauch aufgeschnitten gehabt, und der Bub war von unten bis oben aufgeschnitten. Der Bub wollte, weil der Vater nicht da war, seine Schwester verteidigen, daß sie nicht vergewaltigt wird. Natürlich ist zuerst der Russe operiert worden, aber der Russe ist gestorben, der Bub nicht!

Es waren natürlich noch Soldaten im Krankenhaus, Verwundete, und es sind auch einzelne noch immer wieder gekommen. Die Russen haben dem Professor Ehalt klargemacht, daß sie zur Einvernahme in die Kommandantur müssen, die war bei den Barmherzigen Brüdern, aber sie kommen ganz sicher wieder zurück. Und der Professor Ehalt, in gutem Glauben, hat einen Offizier losgeschickt, und der Mann ist nie wieder zurückgekommen. Darauf hat er gesagt: „Es wird keiner entlassen!" Sie sind zusammengedrängt worden, oft sind die Soldaten zu zweit im Bett gelegen, aber er hat keinen rausgelassen. Man hat nicht unbedingt noch einmal eine schwere Wunde gemacht, aber geschaut, daß die Heilung langsamer geht.

Am 27. Juli sind dann alle schlagartig entlassen worden.

Grüß Gott, Österreich

Mit dem Kriegsende kam für den 14jährigen H. Klemencic der völlige Zusammenbruch seines bisherigen Weltbildes und seiner Wertvorstellungen. Über Nacht waren die Idole seiner Jugend plötzlich Kriegsverbrecher. Nur langsam lernte er wieder selbständig zu denken und zu handeln.

Heribert Klemencic
Leibnitz

Ganz in unserer Nähe, da hängt eine rotweißrote Fahne, eine nagelneue rotweißrote Fahne. Und i steh do und schau die Fahne an und denk mir: „Spinnt der? Jetzt hängt der do die Hitlerjugendfahne auf und hot nur des Hakenkreuz herausgetrennt – der muaß jo spinnen." Dann komm ich heim und erzähl das sofort der Mutter. „Du, die B. (Name der Redaktion bekannt), die haben eine Fahne aufgehängt und haben aber nur das Hakenkreuz von der HJ-Fahne herausgetrennt und sonst gar nichts." Darauf sagt meine Mutter: „Ja, das ist jetzt die Farbe von Österreich."

Und die Frage war: „Wie werden wir jetzt grüßen?" Früher hat man nur „Heil Hitler" gesagt. Also wie werden wir jetzt grüßen? Meine Mutter hat dann gsagt: „Ja, mit ‚Grüß Gott!'" Jetzt sind wir halt gegangen und haben das trainiert „Grüß Gott" – da haben wir ja zum Lachen angefangen. Es wird einer „Grüß Gott" sagen – wie klingt denn das! Dann hat meine Mutter noch erzählt, daß die Männer ihren Hut abnehmen. Das war ja schockierend – wird einer den Hut abnehmen. Da sagt man „Heil Hitler" und dann hat sich's.

Das war alles was Neues!

Die Russen kommen ...

Dem Bombeninferno von Dresden entkommen, ist die Grazerin Dr. Edeltrude Schmid kurz darauf in die Steiermark zurückgekehrt. Gemeinsam mit ihren Eltern, die aus Graz geflohen sind, hat sie ein Zimmer in Schrems bei Frohnleiten bezogen. Sie sind dort relativ sicher gewesen. Doch hat es kaum etwas zu essen und auch keine Kleidung gegeben. In Stanz im Mürztal hat die Familie aber noch eine Kiste mit Vorräten vergraben gehabt. Auf dem Weg dorthin sind ihr und ihrem Vater zum erstenmal die Russen begegnet.

Edeltrude Schmid
Graz

Ich hatte es dann satt, ständig das Umstandskleid zu tragen, ein dunkelblaues Wollstoffkleid, das ich schon eineinhalb Jahre getragen hatte. Die Tage wurden wärmer, der Frühling kam, es war März, es kam der April – und die Russen kamen nicht! Es hieß immer, sie kommen, sie kommen, aber sie kamen nicht. Mir ist die Geduld gerissen, und ich bearbeitete meine Eltern, ich möcht unbedingt die Kiste holen, die wir eingemauert hatten im Steinbruch in Stanz im Mürztal – da waren noch Kleider drin, und ich wollte unbedingt meine Kleider haben. Ich durfte dann gehen, meine Mutter stellte aber als Bedingung: Mein Vater müßte mich begleiten. Wir fuhren dann Ende April/Anfang Mai mit den Fahrrädern von Schrems bis nach Frohnleiten, stellten am Bahnhof die Fahrräder ein und fuhren mit dem Zug bis nach Kindberg. Dort kamen uns unsere Soldaten entgegen und sagten, daß die Russen hinter ihnen herseien. Mein Vater hat dann gesagt, daß er die Russen schon vom Ersten Weltkrieg her kennt und daß sie ihm wahrscheinlich nichts tun werden. Er sei Zivilist, 65 Jahre alt, und ich als junge Frau sei wahrscheinlich auch ungeeignet, und wir sollten uns nicht abbringen lassen von unserem Ziel. Also fuhren wir weiter in die Stanz hinein. Dort kamen wir zu

Nach dem Kriegsende wehten überall rotweißrote Fahnen.

diesem Steinbruch, holten die Kiste heraus – in der Kiste waren noch einige Fotos, die nicht für die Russen geeignet waren. Sie stellten mich neben Adolf Hitler dar. Ich hatte ihn bei einer Maturareise kennengelernt und einen Tag bei ihm verbracht. Diese Fotos wurden natürlich zerrissen. Wir kamen mit unseren Sachen wieder heraus, da war es bereits brenzlig. Die Soldaten sagten, wir sollten aufsitzen, und so saßen wir nun mit unseren Soldaten auf und fuhren nach Kindberg. Wie wir auf die Reichsstraße hinauskamen, kamen die ersten russischen Panzer mit der großen, roten Fahne. Die Landser waren alle auf einmal weg in den Wald und wollten Zivilkleider holen. Jeder trug uns auf, ich bin der Stationsvorstand von dort, und ich bin der Mann von da, und bitte können Sie nicht meiner Frau ausrichten und so weiter ... Mein Vater schaute mich an, ich schaute ihn an. Ich wollte weglaufen. Mein Vater sagte: „Nein, wir haben nichts zu befürchten, die Russen kommen."

Meine Mutter war immer sehr pflichtbewußt genau. Einmal ist sie auch von den Russen „eingesammelt" worden zu Aufräumungsarbeiten, auch wir haben als Schulkinder schon Bombenschäden weggeräumt. Von den Russen ist sie also einmal geholt worden, und dann hat sie sich ganz zackig bei dem Kommandierenden mit „Heil Hitler" gemeldet. Das ist natürlich nicht sehr gut ausgegangen. Ich weiß nicht mehr, wie ich das erfahren hab, auf jeden Fall bin ich wie eine Irre zum Paulustor gelaufen – dort ist das passiert. Ich hab den Kommandierenden dann anscheinend erfolgreich davon überzeugen können, daß sie spinnt und nicht ganz normal ist, und das hat er mir abgenommen, und wir sind dann wieder heimgezogen.

Ich hab mich bei meiner Mutter entschuldigt und gesagt: „Es war die einzige Möglichkeit. Ich hab dem, so gut es gegangen ist, erklärt, wie schwer das alles war und daß du ein bisserl überfordert und daß du leider nicht mehr ganz normal bist."

Eins, zwei, drei, faules Ei

In Kraubath, Bezirk Knittelfeld, trafen wir Frau M. (Name der Redaktion bekannt), ein zierliches Persönchen, aber voller Energie und Lebensmut. Den bewies sie auch im Dezember 1944, als sie sich mutterseelenallein auf den Weg machte, um ihrem Mann, der in Jugoslawien eingerückt war, zu Weihnachten ein Stück Kuchen zu bringen. Nicht einmal die Partisanen konnten Frau M. von ihrem Vorhaben abhalten. Auch zu Hause hieß es kräftig zupacken. Zwei kleine Kinder mußten beaufsichtigt, das Vieh und die Landwirtschaft versorgt werden. Da mußten selbst die Russen froh sein, wenn sie mit einem blauen Auge davonkamen.

Frau M.
Kraubath
Der Name ist der Redaktion bekannt

Auf einmal kommt ein Russe mitn Pferd und reit da eina, hat er gsagt: „Wo Vieh?", hab ich gsagt: „Russe saprali!" – „Schon gut", hat er gsagt. Und nachand ist er wieder eini in Stall und hat gsagt: „Ich brauchen zehn Eier!" Na, und vormittag hab ich no net soviel ghabt. Jetzt hab ich gschaut und hab aber nur achte oder neune zsammbracht. Der ist obngsessn aufm Pferd drinnen im Stall, und wissen S' eh, das Pferd hat beim Kummet obn an so an Spitz. Da hat er obn das Eierl aufgschlagn und so austrunkn – acht auf einmal! Hat er dann zu mir gsagt, ich hab zittert: „Noch eines, sonst ich ..." und hat an Säbel zogn. Hab ich mir dacht: „Na, wegn an Eierl laß ich mich net köpfn. Bin ich halt noch einmal auffigstiegn, und stelln S' Ihnen vor, ich hab Bruthühner ghabt, die habn ausbrütet. Jetzt warn die Eier schon 14 Tag drinnen, und nach drei Wochen schlüpfn die Piperln aus. Und ich hab an Brutapparat auch ghabt, da hab ich alle anschaun können, ob was ist. So, ich nimm da zwei aussa, und da war eins a Schlechts dabei. Ich steig dann oba, und gib's dem Russen aufs Pferd auffi. „Bitte", hab ich gsagt, „ich möcht aussi!" Dann bin ich schnell ausn Stall aussigangan. Und wie ich draußen bin ausn Stall, hör ich „tusch!" Hat er grad das schlechte Eierl dawischt, das

Aufräumungsarbeiten nach einem Bombenangriff auf dem Grazer Hauptbahnhof. ➠

hat an Kracher gmacht, und das Pferd hat sich so gschreckt und ist so schnell aussi, daß er sich so angschlagn hat beim Kopf. Ich bin schnell abi, habs Haus zugsperrt und die Kinder schnell versteckt.

Dann sind sie aber eh kommen, ja, ich kann nix dafür, ich hab von nix gwußt.

Auch in Kraubath war keine Frau vor den Russen sicher, aber Not macht erfinderisch.

Ich hab erfahrn vom Herrn Doktor, der hat gsagt zu mir: „Nimm a Bindn und gib a bisserl Lysol drauf, ein paar Tropfen." Ich sag's Ihnen, es hat schon brennt, aber dafür hat's gstunken, net. Hab ich mir denkt: „Lieber das, als da von den Russen erwischt werdn", weil da sind die Frauen nach der Reih ins Spital kommen nach St. Michel und nach Knittelfeld. Und dann ist einer kommen. Der hat da Auszeichnungen ghabt. Der hat gsagt: „Kommen! Mit hinauf!" Na, dann hab ich mitmiaßn. „Wo Zimmer?" Hab ich gsagt: „Da is Zimmer", hat er mich einagschupft und hat schon wolln sein Gürtel abanehman. Dabei hat er abigschaut beim Fenster. Daweil er abischaut, hab ich schon die Weckeruhr a bisserl aufzogn. Das hat der gar nicht wahrgnommen. Und der Wecker geht normal um halb vier ab, am Nachmittag auch. Jetzt war's grad um die Zeit, und er sagt, daß ich mich ausziehn muß. Bet hab ich, gweint hab ich, und er hat schon sein Rock wegtan, da geht auf einmal der Wecker ab!

Der hat sich so gschreckt, der hat sein Rock gnommen und sein Gurt und ist aussi bei der Tür und abi über d' Stiegn – grad, daß er nicht abigfalln ist.

Mein Gott, hab ich betet und dankt!

Und er ist eh fort.

Auch die Kinder hatten es nicht immer leicht. Frau M. erinnert sich, daß sie oft verzweifelt war, wenn sie den vor Hunger weinenden Kindern nichts zu essen geben konnte. Aber es gibt auch lustige Erinnerungen an die Kindheit in der Nachkriegszeit. Sohn F. erzählt:

Sohn: Der Vater war ja net da und d' Mutter war a dauernd beschäftigt. Die Engländer habn ihre Militärfahrzeuge im Hof abgstellt ghabt. Und mein Bruder und ich habn natürlich müssn irgendeine Beschäftigung habn. Da habn wir gsehn, wie die Engländer immer nachtankt habn mit den Blechkanistern. Die haben ja keine Autos ghabt zum Zusperren so wie heute! Die Autos warn ja offen, die habn ja nur einen Riemen vorghabt. Habn wir uns einisetzn können und habn bei den Lenkradln ummagrissn und halt Auto fahren gspielt.

„Ja, tanken miaß ma a, weil das tun die Engländer auch." Aussi, a Wasser gholt und bei alle drei Autos in den Tank einigleert, überall Wasser nachgfüllt, bis voll war. Wir habn's ja net gwußt, ge!

Am nächsten Tag habn's probiert – gehn die Autos nicht an, bis sie dann draufkommen sind, daß wir das warn. Wir habn uns im Keller bei den Mostflaschln versteckt, und die Mutter hat gschimpft, war Sabotage, aber ungewollt. Die Engländer habn gschrien da draußen, aber wir habn's ja net verstandn.

Ein Zimmer mit Geschichte

Viele Ereignisse haben sich in jenem Zimmer in der Berggasse 32/34 in Gleisdorf zugetragen. Wenn Frau Maier zu erzählen beginnt, sieht man das Zimmer bildhaft vor sich, und es wird belebt mit den vielen Schicksalen, die sich dort zugetragen haben.

Mathilde Maier
Gleisdorf

Es waren bis zum 8. Mai in der Früh deutsche Soldaten bei uns, und zwar war das eine Elitetruppe, es waren lauter Funker mit lauter Funkwagen. In der Nacht vom 7. auf den 8. Mai haben sie zu meiner Mutter gsagt: „Mein Gott, Frau Haberle, lassen S' uns Ihren Küchenherd zur Verfügung." Meine Mutter sagt: „Jo, bitte wozu?" – „Jo, sie müssen die ganzen Papiere abheizen, die irgendwie gefährlich sind, weil wir fortmüssen." Die Mutter hat dann gfragt, was jetzt wirklich los ist, und er hat gsagt: „Ich kann Ihnen nur sagen, der Krieg ist aus, und wir müssen heute fort, und ich mach Sie aufmerksam, in vier, fünf Stunden sind die Russen da!" Um zwei Uhr früh sind sie dann wirklich gekommen, und zwar waren das keine Russen, sondern Mongolen – das waren die ersten, die Schlitzaugerln. Ich hab gezittert. Ich war unter den Betten versteckt, und das muß mir ein Schutzengel eingeben haben: Ich hab mich da irgendwie so beengt gefühlt unter dem Bett und bin da unten heraus und hab mich da hinter dem Schlafrock versteckt. Meine Mutti hat jetzt aber net gwußt, wo ich bin. Sie reißen dann meine Mutter weg und waren im Zimmer, und den ersten Akt, den er gmacht hat, war, daß er unters Bett mit einer Taschenlampe gschaut hat – es war kein Licht, es war ja alles finster. So, jetzt hot die Mutti schon fast aufgschrien, und dann sagt er: „Ja, wo deutscher Soldat?" Die Mutti hat gsagt: „Ist kein deutscher Soldat." Es waren aber zwei Betten benützt. Jetzt hat er im ganzen

Russischer Panzer. ▪▪

Zimmer alle Kästen aufgmacht und „deutscher Soldat, deutscher Soldat" gschrien. Auf einmal reißt er da so die Tür zu, und in diesem Moment, wo er so die Tür zumacht, hab ich mich ganz langsam niederlassen und bin in die Hocke gegangen, ganz klein in die Hocke. Und ich lüg Sie nicht an, es waren keine drei Sekunden später, greift er zwei Zentimeter ober meinem Kopf drüber. Die sind dann wieder fort, und dann sind Russen gekommen, und das war furchtbar. Wir hatten da in der Nachbarschaft eine 75jährige Frau, die hat damals die ganze Nacht geschrien. Sie ist von, ich kann es jetzt nicht genau sagen, von vierzehn oder fünfzehn Russen vergewaltigt worden. Die hat immer wieder geschrien: „Ja hilft mir denn keiner, hilft mir denn keiner, jo hilft mir niemand?" Mir wird jetzt noch ganz kalt, wenn i dran denk. Die hat gebrüllt und geschrien, die Frau, das war furchtbar, aber es hat sich ja niemand hinuntergetraut. Männer waren keine da. Es waren ja nur alte Männer und Buben da.

Dann war Einquartierung. Zuerst waren die Deutschen da, dann die Russen – die Mädchen, die russischen Flakhelferinnen, die haben auch beim Major übernachtet. Die Liebe war auch da – alles war da. Sogar gspuckt haben sie, und Sie werden lachen, warum.

Der Grund ist schnell erzählt: Der russische Major war nämlich Schneidermeister und hatte seine ganz eigene Vorstellung vom Bügeln.

Drauf ist er hergegangen, hat ein Glas Wasser genommen, einen Schluck gnommen, „prrrrrrrrr" gmacht und draufgspuckt auf die Hosen – das gut, Ruski gut, Ruski gut – er tut nur mit Spucke Hosen aufdunsten. Die Mutti hat sich zerwuzelt.

Bei Kriegsende sind unzählige Soldaten durch Gleisdorf gezogen. Völlig entkräftet und ausgehungert bettelten sie um Unterschlupf für eine Nacht.

Dann hab i halt gsagt: „Jo, dann gehen S' holt mit heim." Und wie i die Tür aufgmacht hab, hat die Mutti gsagt: „Host schon wieder wen mitgenommen!"

Noch etwas, ein Kind ist hier geboren worden in diesem Zimmer. Das war allerdings zehn Jahre später. Am 10. September 1955 kam hier ihre Tochter Sonja zur Welt.

Wir auch Menschen ...

21 Jahre lang hat Erika Breidler die Volksschule in Turnau geleitet. Vielen Taferlklaßlern hat sie lesen und schreiben beigebracht. Jetzt, in der Pension, hat sie Zeit, sich an ihre eigene Jugend zu erinnern, so an die Lehrerinnenbildungsanstalt in Marburg, an die Bombenangriffe auf das Schulgebäude, an die Heimreise zu den Eltern nach Frein. Dort hat sie auch das Kriegsende miterlebt.

Erika Breidler
Turnau

Eine Woche später, am 16. Mai, es war ein wunderschöner, sonniger Tag, da hieß es auf einmal: „Da kommen Leute!“

Wir wußten nicht, wer da kommt, und haben alle geschaut. „Es sind Russen!“

Vor lauter Angst haben wir uns dann versteckt. Das andere Mädchen, eine Kollegin aus der Volksschulzeit, war gerade bei ihrem Onkel, unserem Nachbarn, untergebracht. Im Dorf war ihre Schwester vergewaltigt worden, und damit ihr nichts passiert, kam sie zu ihrem Onkel.

Ohne ein Wort zu sprechen, gingen wir zwei Mädchen zur Holzhütte. Es war ziemlich dunkel drinnen, und dort haben wir uns versteckt. Wir sind da gehockt und haben uns gar nicht zu atmen getraut. Hinter mir war noch eine kleine Tür, die war zugenagelt. Plötzlich riß da ein Russe dran, ich wußte gar nicht mehr, wie mir geschah. Dann hörten wir schon einen Russen über die Stiege heraufkommen. Ich dachte mir: „Na, der wird jetzt sagen, wir sollen herauskommen.“

Aber er hielt die Maschinenpistole auf uns und drückte ab. Das andere Mädchen fiel vor mir um, und ich mußte über sie drüberklettern. Da kam mein Vater heraufgelaufen, und ich sehe ihn heute noch vor mir, wie er den Russen mit erhobenen Händen gebeten hat, nicht mehr zu schießen.

Mir rann das Blut herunter, als ich hinausging, und mein Vater führte mich zum Haus unseres Nachbarn. Im Schock hatte ich das andere Mädchen ganz vergessen. Plötzlich fiel sie mir ein, und ich sagte: „Schaut doch einmal nach der Roserl, ich glaube, sie ist vor mir hingefallen, und die muß noch dort sein."

Ihr Onkel kam zurück und sagte: „Ich finde sie nicht!" Ich habe dann geglaubt: „Na, vielleicht ist sie davongelaufen."

Dann gingen sie noch einmal schauen, und als sie zurückkamen, hieß es: „Die Roserl ist tot! Die Kugel ist bei der Wange hinein und beim Hals wieder herausgegangen." Sie war sofort tot, sie hat keinen Laut mehr von sich gegeben.

Ich selbst hatte einen Einschuß am Bein oberhalb der Kniescheibe und einen am Oberarm.

Ein Russe schimpfte noch mit mir: „Warum Mädchen fortlaufen, wir auch Menschen!" Und der Russe, der geschossen hatte, der sagte: „Ich nicht wissen, ich glauben SS!"

Erst später habe ich dann bemerkt, daß die Kugel im Knie nicht ganz durchgegangen, sondern unter der Haut steckengeblieben ist. Dann bin ich hergegangen, habe eine Stopfnadel mit der Zange angezwickt und ins Feuer gehalten. So konnte ich mir die Haut kreuz und quer aufritzen und dann das Geschoß herausnehmen.

Nach einem Bombenangriff auf Marburg. ➠

Der Engel mit den abgebrochenen Flügeln

In einer kleinen Nebenstraße von Kalwang steht ein wunderschönes altes Blockhaus. Hier wohnt Emmerich Pregetter, Landesinspektor a. D. Schmunzelnd erinnert er sich an seine Ministrantenzeit in Foirach, einem Ort nahe Leoben. Einmal hat er Tintenpulver in das Weihwasserbecken gestreut. Dadurch konnte man die Kirchenbesucher an ihrem Gesicht erkennen, was nicht heißen soll, daß der junge Ministrant seine Pflicht nicht ernsthaft versehen hätte. Der Dienst in der Kirche war ihm immer wichtiger als der sonntägliche Appell der Hitlerjugend. Das hat ihm oft Schläge eingebracht. Herr Pregetter erinnert sich an seinen wohl schwierigsten Dienst als Ministrant.

Emmerich Pregetter
Kalwang

Da wurden im Muglgebiet zwei deutsche Soldaten, junge Kerle, zirka 22, 26 Jahr alt, die sich von der Truppe damals entfernt hatten, also sogenannte Deserteure, bei einer Großfahndung nach heimischen Widerstandskämpfern gfangen. Das heißt, man hat gar nicht nach ihnen gesucht, sondern man hat die heimischen Widerstandskämpfer, die sich damals ins Muglgebiet zurückgezogen haben, gesucht. So wurden diese beiden Soldaten eigentlich zufällig von der SS gefangengenommen. Sie wurden in Foirach, unserem Dorf, bei einem Bauern in den Mostkeller gesperrt. Am Abend wurden die beiden dann bei einer Militärgerichtsverhandlung, die hat in der Bauernstubn stattgfundn, zum Tod durch Erschießen verurteilt. Die Verhandlung hat vielleicht eine halbe Stunde gedauert, dann war klar, daß diese zwei jungen Menschenleben ausgelöscht werden. Als ihnen die Bäurin das letzte Abendessen gebracht hat, habn die beiden um einen Priester gebeten. Da ist die Bevölkerung von Foirach sehr energisch gwordn und hat vom Militär verlangt, daß ein Priester zugezogen werden kann. Daraufhin mußte ich als ehema-

Durchhalteparolen.

liger Ministrant mit unserem Herrn Pfarrer zu den Verurteilten auf den Bauernhof gehen. Nach der Beichte und der Letzten Ölung, es war furchtbar, denen sind die Tränen runterkugelt, ich hab da mitgweint, haben die beiden von ihren Familien erzählt und baten den Herrn Pfarrer, ihren Familien Nachricht zu geben. Der Pfarrer hat sich die Namen sowie die Adressen aufgeschrieben, er hat einen Zettel ghabt mit einem kurzen Bleistift, daran erinnere ich mich heute noch. Dieser Zettel ist ihm dann allerdings, wie wir rauskommen sind, abgnommen wordn. Bei dieser Bauernstubn waren nämlich zwei Fenster, und von dort hat man uns beobachtet. So konnte man nie die Familien verständigen.

Emmerich Pregetter als Ministrant.

Am nächsten Morgen fuhr dann ein Wehrmachts-Lkw mit dem Exekutionskommando vor. Die ganze Bevölkerung stand protestierend vor den Häusern und hat geschrien: „Die Buam, ist eh der Krieg aus, was wollt's denn jetzt noch?" Aber die Bevölkerung wurde von der SS in die Häuser zurückgetrieben. Die Gefangenen sind aus dem Keller geholt worden und mußten noch ihren Krampn und die Schaufel selber tragen. Wir Buben haben uns so versteckt, daß sie uns nicht gesehen haben. Das war so hinter einer Schupfn, und da konnten wir sehen, wie die hinaufmarschiert sind in den Wald. Dann sind sie am Waldrand verschwunden. Wir haben gwartet und gwartet, und zirka nach einer Stunde haben wir zwei Gewehrsalven gehört, dann ist das Kommando zurückgekommen, ist auf den Lkw aufgstiegn und abgfahrn.

Wir Buben, natürlich nicht neugierig, sind dann in den Wald glaufen. Da haben wir zwei Bäume gefunden, die waren so in Mannshöhe mit Blut beklebt, auch Lungenteile hat man noch gsehen. Daneben waren noch zwei frische Erdflächen, aber anplaniert und ein bisserl mit Gstauder verdeckt. Im Herbst '45 sind die beiden dann von ehemaligen Nazis ausgrabn und zum Ortsfriedhof von Niklasdorf gebracht wordn. Da ist nur ein Engel, bei dem die Flügel abgebrochen sind, und kein Grabstein. Dort liegen sie heute noch als unbekannte Soldaten. Das Grab wird auch immer noch betreut und ist sehr schön in Ordnung. Auch ich stell immer wieder ein Maikerzerl zu den zwei Soldaten.

Totengräber des 45er Jahres

Deutsch-Haselsdorf lag Anfang April 1945 in der Hauptkampflinie. Der Vater war eingerückt, drei Brüder vermißt, und das Anwesen der Familie lag unmittelbar an der Front. Ernst Streit erinnert sich genau an den „Krieg vor der Haustür". Am 2. April hatten die Deutschen im Wohnhaus einen Gefechtsstand eingerichtet. Acht Tage später wurde das Haus von den Russen erobert. Die Familie saß zitternd im Keller. Nach dem Abzug der Deutschen waren Alte und Kinder die Totengräber des 45er Jahres.

Ernst Streit
Altneudörfl bei
Bad Radkersburg

In der ersten Zeit haben uns die Russen einmal alle zsammgfangt. Meinen Bruder, den Nachbarsburschn und die ältern Männer, die noch da warn. Dann mußten wir die Gfallenen eingrabn. An einem Tag haben wir im Abschnitt Puchberg 18 Gefallene eingrabn müssn, die bereits 14 Tage glegn san und noch länger. Die waren schon sehr verwest und aufgebläht durch die Hitz. Die alten Männer haben die Toten mit einem Strick anbindn müssn, wir jungen Burschen habn uns das nicht getraut. Die sind anbundn worden, dann hat man gschaut, wo das nächste Schützenloch ist, dann hat man sie rüberzogn und dort reinglegt.

Ein Gefallener lag unmittelbar bei unserm Haus, der hatte einen Bauchschuß, ein deutscher MG-Schütze, den seine Kameraden nicht mehr mitnehmen konnten. Im Wald drin haben wir noch an zweiten und dritten angfundn. Einer davon hat an Kopfschuß ghabt, ist schon zirka vier Wochen im Wald drin glegn, der war so aufgebläht und kohlschwarz wie ein Neger.

Die halbe Erkennungsmarke hatte man von den Toten entfernt und an das Internationale Rote Kreuz geschickt. Die meisten wurden später als „unbekannte Soldaten" in Massengräber überführt – nur sehr selten konnten die Anverwandten ausgeforscht werden.

Soldatengrab.

Im 47er Jahr – auf einmal kommt von Wien ein Bestattungswagen. Man erkundigte sich nach einem gewissen Gefallenen, der hier in der Nähe eingegraben worden ist. Meine Mutter fragte, wer er denn sei. Er sagte, er sei ein Rechtsanwalt aus Wien, und sein Sohn sei unmittelbar bei diesem Gehöft gfalln, nach den Aussagen seiner Kameraden. Dann haben wir gesagt: „Na, entweder ist es der, der da unmittelbar neben dem Haus gfallen ist, oder der im Wald oben." Dann fragten wir, was er war. „Ja, er war Unteroffizier." Dann habn wir gwußt, es muß der andere unten sein wegen der Uniform.

Die Bestattung hat dann im Beisein der Gemeinde reingrabn. Wir waren selbst dabei. Er war nicht tiefer eingrabn wie 20 Zentimeter, weil bei uns hat es im 45er Jahr gheißn: „Nur alles rein, soviel, daß halt zudeckt ist." Und da hat sich dieser Rechtsanwalt noch aufghalten, daß wir ihn nicht tiefer eingrabn habn und grad auf dem Weg. Wir habn ihn aber nur aufm Weg eingrabn, weil dort ein Loch war. Da hat sich keiner gschert im 45er Jahr – wo ein Loch war, da ist er reinkommen.

Da wurden uns also noch Vorwürfe gmacht – das möchte ich noch dazusagn.

Der ist dann nach Wien überführt wordn – das war die erste Überführung, die persönlich von der Familie vorgnommen wordn ist.

Erna – männlich

Erna Karlberger
Leoben

Erna Karlbergers Lebensweg war ab ihrem 18. Lebensjahr eng mit den Alpine-Werken verbunden. Bis 1942 war sie Direktionssekretärin in Donawitz, später in der technischen Direktion in Leoben. Wenn feindliche Flieger Kurs auf das Werk nahmen, mußte sie samt der Schreibmaschine in den Keller flüchten. In schrecklicher Erinnerung ist ihr die Bombardierung des Martin-Ofens geblieben. Mehrere Menschen sind dabei ums Leben gekommen. Der verantwortliche Ingenieur, der die Fliegerwarnung nicht ernst genommen hatte, wurde 1945 gezwungen, sich selbst zu richten. Genau erinnert sich Erna Karlberger auch an den Tag, als die Russen kamen. Zum Empfang mußten russische Fahnen genäht werden, was auf die Besatzer wenig Eindruck machte. Die technischen Einrichtungen wurden von den Russen abmontiert und in Richtung Rußland geschickt. Während der ersten Besatzungszeit war die Direktion in einem Hörsaal der montanistischen Universität in Leoben untergebracht. Ihre Arbeit bei der Alpine hat Erna Karlberger auch vor zusätzlichem Arbeitsdienst bewahrt.

Nachdem ich doch bei der Partei gewesen bin, haben wir doch sofort Einberufung kriegt für alle möglichen Arbeiten. Es ist ja in Donawitz alles abmontiert worden, und ich mußte für unsere Herren solche Ausweise schreiben – „darf nicht zu anderen Arbeiten herangezogen werden, ist eingeteilt zum Abbau der Anlagen etc.“ Das haben wir dann zum Stadtkommandanten schicken müssen. Ich habe mir gedacht: „Die wissen ja nicht, ob Erna ein männlicher oder ein weiblicher Vorname ist. Probierst es!“ Daraufhin habe ich für mich auch so einen Ausweis geschrieben. Dann bin ich zum Freiheitskomitee beordert worden, na, diesen Haß in den Augen von diesem Herrn sehe ich heute noch vor mir.

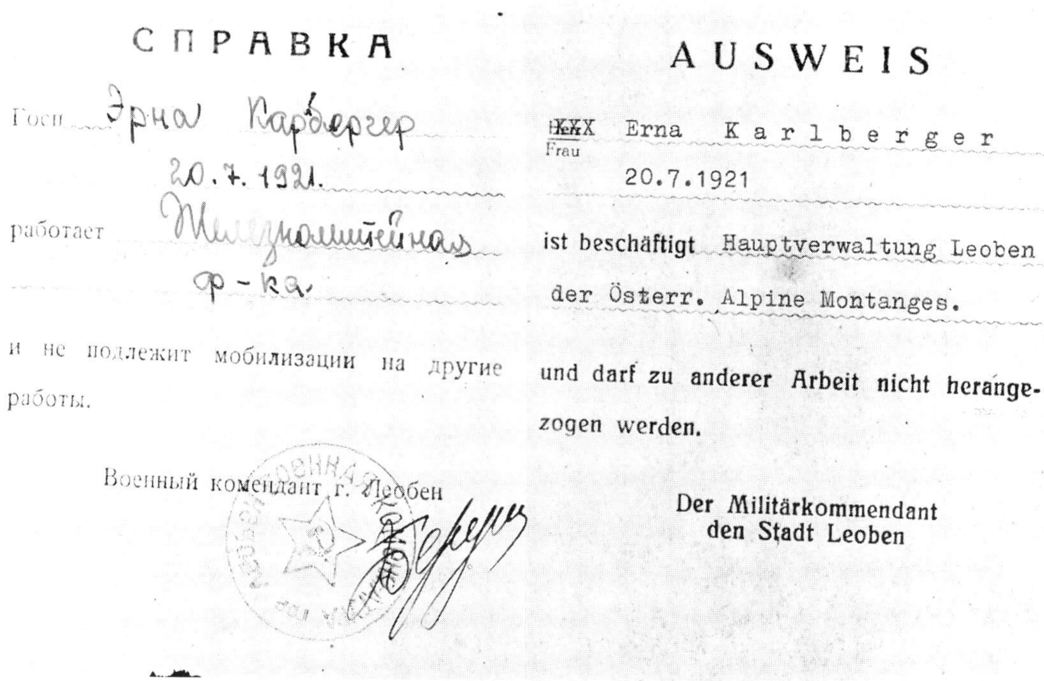

СПРАВКА

Госп. Эрна Карбергер

20.7.1921.

работает Железнолитейная ф-ка.

и не подлежит мобилизации на другие работы.

Военный комендант г. Леобен

AUSWEIS

XXX Frau Erna Karlberger

20.7.1921

ist beschäftigt Hauptverwaltung Leoben der Österr. Alpine Montanges.

und darf zu anderer Arbeit nicht herangezogen werden.

Der Militärkommendant
den Stadt Leoben

Er hat mich nämlich eingeteilt zum Bäckereireiben, da habe ich meinen Ausweis herausgeholt: „… darf zu keinen anderen Arbeiten herangezogen werden." Also der hätte mich am allerliebsten durchs Kanalgitter faschiert. Meine Mama haben s' immer wieder geholt, die war nirgends dabei. Aber die haben s' geholt zum Bäckereireiben und was weiß ich was.

Krieg vorbei! – habens am Häuslberg oben Panzergräben ausgehoben, die Frauen! – der Krieg war aber schon vorbei.

Heimkehr ins Niemandsland

Sechs Jahre lang war Franz Wegart Soldat der deutschen Wehrmacht. Von seinem 21. bis zu seinem 27. Lebensjahr kämpfte er in Griechenland, Kreta, Norwegen und an der russischen Front. Kurz vor Kriegsende wurde er dann nach Cilli versetzt. Eine Verwundung rettete ihn vor der Kriegsgefangenschaft und vielleicht dadurch sein Leben. Den Krieg überlebt zu haben, empfindet Franz Wegart als Gnade.

Franz Wegart
Graz

Ich bin nach einem langen Lazarettaufenthalt zu meiner Ersatzeinheit, der Panzerjägerersatzabteilung 48, nach Cilli in der ehemaligen Untersteiermark gekommen. Und am 4. Mai '45 bin ich durch einen Tieffliegerangriff schwer verwundet worden. Zu meinem Glück, muß ich in der Rückschau sagen, weil mir das die jugoslawische Gefangenschaft erspart hat.

Ich bin dann am 5. Mai Richtung Graz gefahren. Hier wurde mir angedeutet, ich möge aus der Steiermark weg, weil hier die Russen das Land besetzen würden. Es war eine Odyssee, ich bin mit einem italienischen Transportzug von Cilli nach Marburg; in Marburg hat mich ein Pkw aufgenommen und bis nach Graz gebracht. In Graz konnte ich dann in einen Zug einsteigen in Richtung Bruck, von Bruck Richtung Selzthal ging es auch mit der Eisenbahn, Richtung Schladming, dort mußte ich aussteigen und für einige Kilometer marschieren, weil die Eisenbahnlinie unterbrochen war. Dann konnte ich wieder einem Zug zusteigen, dann ging es bis nach Altenmarkt, von dort mit einem Lkw Richtung Lend im Pongau, und nach einer dreitägigen Odyssee war ich an Ort und Stelle.

Ich muß sagen, ich habe mehr Glück gehabt als Verstand.

Die dortige Hauptschule war ein Lazarett, dort habe ich Aufnahme gefunden. Dort wurden meine Splitter herausoperiert. Einen habe ich mir noch als Andenken in der Kniekehle zurückbehalten. Als die Russen Ende Juli aus der Steiermark abgezogen sind, habe ich einen Entlassungsschein der Amerikaner bekommen und konnte heim in meine Radkersburger Heimat.

Ein Wiedersehen, das deprimierender nicht sein konnte. Die Stadt Radkersburg war wochenlang Niemandsland, nur vier Häuser hat der Krieg verschont. Und dann darf man nicht übersehen: Wir hatten von Mai bis Juli '45 fünf verschiedene Truppenteile aus aller Welt, zuerst Angehörige der deutschen Wehrmacht, dann die Russen, dann die Tito-Partisanen, dann die Bulgaren, und dann kamen die Engländer. Fünf innerhalb von drei Monaten! Da ist in Wahrheit kein Stein auf dem anderen geblieben. Da ging damals unter uns Heimkehrern ein böses Wort um: „Was sollen wir hier anfangen? Am besten ist es, das, was übriggeblieben ist, und übriggeblieben ist in Wahrheit gar nichts, zusammenzupacken und auszuwandern." Das war die Stimmung vor 50 Jahren! So kann ich sie, glaube ich, heute auch formulieren. Aber Grenzer geben nicht so leicht auf! Wir haben gesagt: „In Gottes Namen, wir fangen wieder von vorne an!"

Flugblatt 1945
verteilt von den Russen an die Bevölkerung

Der Krieg ist zu Ende

Unterzeichnung des Aktes über die bedingungslose Kapitulation der deutschen Streitkräfte

Akt über die militärische Kapitulation

1. Wir, Endesunterzeichneten, willigen im Namen des Deutschen Oberkommandos in die bedingungslose Kapitulation aller unserer Streitkräfte zu Lande, zur See und in der Luft, sowie aller Streitkräfte, die sich zur Zeit unter deutschem Kommando befinden, vor dem Oberkommando der Roten Armee, sowie gleichzeitig vor dem Oberkommando der Expeditionsarmee der Alliierten.
2. Das Deutsche Oberkommando erläßt unverzüglich Befehle an alle deutschen Kommandierenden von Land-, See- und Luftstreitkräften und an alle Streitkräfte, die sich unter deutschem Kommando befinden, die Kriegshandlungen am 8. Mai 1945, 23,00 Uhr mitteleuropäischer Zeit, einzustellen, an den Stellen zu verbleiben, wo sie sich zu diesem Zeitpunkt befinden, und vollständig abzurüsten, alle ihre Waffen und Kriegsgut den örtlichen Kommandierenden der Alliierten oder den Offizieren, die zu Vertretern des Oberkommandos der Alliierten bestimmt sind, zu übergeben, Dampfschiffe, sonstige Wasserfahrzeuge und Flugzeuge, ihre Motoren, Körper und Ausrüstung sowie Maschinen, Waffen, Apparate und sämtliche zur Kriegführung im allgemeinen bestimmte technische Gegenstände nicht zu zerstören und keinerlei Beschädigungen an ihnen vorzunehmen.
3. Das Deutsche Oberkommando bestimmt unverzüglich entsprechende Kommandeure und sichert die Ausführung aller weiteren Befehle, die von dem Oberkommando der Roten Armee und dem Oberkommando der Expeditionsarmee der Alliierten erlassen werden.
4. Dieser Akt bedeutet kein Hindernis für seine Ersetzung durch ein anderes von den Vereinten Nationen oder in ihrem Namen bezüglich Deutschland und der deutschen Streitkräfte im ganzen abgeschlossenes Generaldokument über die Kapitulation.
5. Falls das Deutsche Oberkommando oder irgend welche Streitkräfte, die sich unter seinem Kommando befinden, nicht entsprechend diesem Akt über die Kapitulation handeln, ergreift das Oberkommando der Roten Armee, sowie auch das Oberkommando der Expeditionsarmee der Alliierten solche Strafmaßnahmen oder andere Schritte, die sie für notwendig befinden.
6. Dieser Akt ist in russischer, englischer und deutscher Sprache abgefaßt. Nur der russische und englische Text gelten als authentisch.

Unterzeichnet am 8. Mai 1945 in der Stadt Berlin.

Im Namen des Deutschen Oberkommandos:
Keitel, Friedeburg, Stumpf

In Anwesenheit von:
In Vollmacht des Oberkommandos der Roten Armee:
Marschall der Sowjetunion
G. Shukow

In Vollmacht des Oberkommandos der Expeditionsarmee der Alliierten:
Hauptmarschall der Luftwaffe
Tedder

Bei Unterzeichnung waren ferner als Zeugen zugegen:
Der Kommandierende der Strategischen Luftstreitkräfte der USA: General Spaak

Der Oberkommandierende der französischen Armee:
General Delattre de Tassigny

Österreicher rechts heraustreten

Johann Weber
Bischof, Graz

14 Tage vor Kriegsende wurde Johann Weber in der Oststeiermark verwundet und nach Bad St. Leonhard im Lavanttal gebracht. Dort war in der Schule ein Lazarett untergebracht. Am 10. Mai sollte Johann Weber wieder an die Front zurückkehren. Doch in den ersten Maitagen zeichnete sich das Kriegsende bereits ab. Obwohl die im Lazarett untergebrachten Soldaten keine genauen Informationen hatten, waren fast alle sicher, daß der Krieg nicht mehr lange dauern konnte. Die Truppen der deutschen Wehrmacht hatten sich bereits weit zurückgezogen. Das erste eindeutige Zeichen dafür war die rotweißrote Fahne, die am 7. Mai gehißt wurde. Doch für Johann Weber gab es erst am 8. Mai Gewißheit, daß der Krieg auch für ihn vorüber war.

Am 8. Mai, am Schlußtag des Krieges, hat der Chef des Lazaretts uns antreten lassen und dann das erste Mal gesagt: „Die Österreicher rechts heraustreten." Wir sind dann entlassen worden, aber erst bis jemand das Wort Österreicher gesagt hat, hat man gewußt, daß der Krieg zu Ende ist und daß irgend etwas Neues beginnt. Dieses eine Wort, ich höre diesen reichsdeutschen Offizier immer noch in meinem Ohr klingen: „Österreicher heraustreten." Wir waren drei oder vier, die nach Graz zurückwollten, und mußten natürlich zu Fuß über die Pack wandern. Wir sind dann in voller Uniform mitten in die Russen hineingefahren, aber wir waren in einem so miesen Zustand, verschmutzt, zerlumpt, unrasiert. Wir haben alle ausgesehen wie Landstreicher. Und dort ist es uns gelungen – zwischen den hin und her strömenden Leuten, den eintreffenden russischen Besatzungstruppen –, mein Heimathaus in Graz unbeschädigt zu erreichen. Allerdings habe ich dann nicht sehr oft zu Hause geschlafen, weil die nicht ganz unberechtigte Sorge war, daß in der Nacht irgendwelche Streifen kommen und ehemalige Soldaten suchen und mitnehmen. Es ist Freunden von mir tatsächlich so passiert. Ich habe sehr viel Glück gehabt.

Nur noch eine Anfügung: Es gab dann auf der Universität ein sogenanntes Russensemester. Das waren ganz wenige Wochen, aber es ist gezählt worden. Und obwohl ich noch keine richtige Matura hatte, durfte ich die Universität besuchen. Das war etwas ganz Eigenartiges. Erstens einmal waren so wenige Studenten da, daß man fast jeden vom Sehen kannte. Ich hatte Germanistik und Geschichte zu studieren begonnen. Und dann dieses Tastende, vor allem von Professoren her, soweit sie vorhanden waren, viele sind auch als ehemalige Nationalsozialisten verhaftet worden. Und von den Studenten ist fast jeder vom Krieg gekommen, diese Auseinandersetzung, trotz Hunger, trotz Unsicherheit, unter uns, wie denn das jetzt wäre mit diesem neuen Österreich. Das waren Wochen voll Kargheit, voll Unsicherheit, aber ich glaube nicht, daß ich jetzt nur Vergangenes verklärt sehe. Es waren faszinierende Wochen.

dtpark

Die Bürgerwehr mit dem Horn

Ingeborg Karasek kam im November 1944 mit ihren Eltern und der älteren Schwester aus Prag in die Steiermark. Sie zogen in das Haus der Großmutter in Mooskirchen. Beim Haus war eine kleine Landwirtschaft dabei. Die Familie hatte dadurch endlich wieder genug zu essen, doch die Frauen zitterten jeden Tag vor der drohenden Gefahr, der Ankunft der Russen.

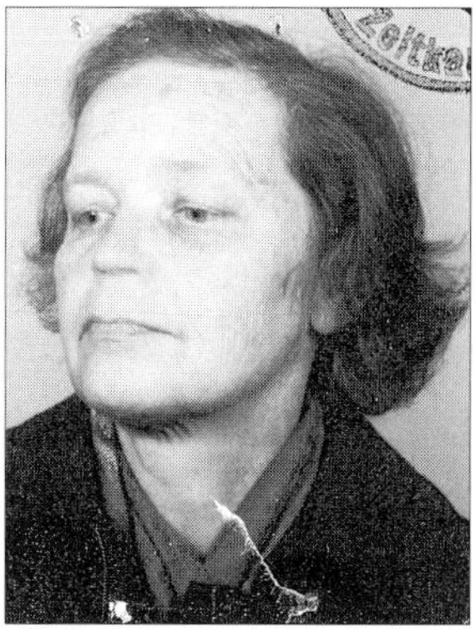

Ingeborg Karasek
Graz-Gösting

Es war dann so, daß bei uns leider die Russen gekommen sind. Ich erinnere mich, die ersten Russen, die ich gesehen habe, sind auf einem kleinen Jeep gekommen. Wir sind natürlich alle sofort verschwunden. Wir Mädchen haben uns alle versteckt am obersten Dachboden, weil man hat ja alles mögliche gehört. Allerdings waren da die Kriegshandlungen schon zu Ende. Diese Russen kamen also, um wegen Einquartierungen zu schauen. Wir hier in Mooskirchen haben da ja Glück gehabt, denn es ist eine Kosaken-Einheit stationiert worden, und ich muß sagen, die waren etwas menschlicher als die Truppen, von denen man anderswo gehört hat. Allerdings auf der Packerstraße, in Söding drüben und in dieser Gegend, da war eine Panzereinheit stationiert, und ich muß sagen, dort ist es schon ziemlich wild zugegangen, mit Vergewaltigungen und Plünderungen. Aber bei uns hat es das nicht gegeben, weil der Kommandant dieser Einheit hat verfügt, daß nichts geplündert werden darf und auch sonst nichts geschehen darf, und er hat eine Ortswache eingerichtet. Dazu gehörten ein paar Steirer, also Mooskirchner, und ein paar russische Soldaten. Die sind da durch den Ort gegangen, und wenn irgendwo jemand plündern wollte, da hatten sie ein Horn mit, so eine Trompete, da haben sie dann trompetet und dann sind alle zusammengelaufen.

← Das Burgtor in Graz mit englischer Flagge.

Bangen um den Vater

1944 wurde es in Graz immer gefährlicher. Besonders das Gymnasium in der Oeverseegasse war von Bomben bedroht, es lag in der Nähe des Bahnhofes. Darum wurde die ganze Schule im letzten Kriegsjahr nach Admont evakuiert. Unter den Schülern war auch Josef Krainer. Im Herbst 1944 wurden die Schüler dann zum Stellungsbau nach Strem bei Güssing geschickt. Vier Wochen dauerte der Einsatz. Im Frühjahr 1945 kehrte Josef Krainer zu seiner Familie ins weststeirische Gasselsdorf zurück. Gemeinsam mit seiner Mutter und den drei Geschwistern verbrachte er dort die beiden letzten Kriegsmonate.

Josef Krainer
Graz

Ich war damals 15 Jahre alt und habe natürlich in lebhafter Erinnerung vor allem den Tag, als die Russen in unser Dorf kamen, nach Gasselsdorf. Da wir eine kleine Ziegelei hatten und eine Landwirtschaft und dort Russen gearbeitet haben, Kriegsgefangene, für die meine Mutter zum Beispiel gekocht hat während des Krieges, haben die natürlich zunächst die russischen Truppen mit Begeisterung aufgenommen. Es hat sich aber in Kürze gezeigt, daß sie eigentlich verfemt waren. Man hat ja später gehört, daß diese sogenannten Ausgesiedelten und kriegsgefangenen sowjetischen Soldaten in Lager gekommen sind. Also, das ist mir in lebhafter Erinnerung, wie die gekommen sind. Sie haben sich entgegen sonstiger Erfahrungen mit sowjetischen Truppen, das waren ja Kampftruppen, die aus der Oststeiermark kamen, in unserem Dorf anständig verhalten, auch bei uns daheim. Die nächste Welle waren dann bulgarische Truppen, und die dritte Welle waren Soldaten der Tito-Armee, also Partisanen.

Meine Mutter, ich kann das sagen, sie ist lange tot, war eine großartige Frau. Sie hat damals mit uns vier Kindern in diesem kleinen Bauernhaus gelebt. Es hat aber auch in der Ziegelei die Mitarbeiterschaft zu ihr gehalten, so daß eigentlich fast bis zum Schluß auch Ziegel produziert wurden. Wir alle sind ihr unendlich dankbar, weil sie uns durch diese schwere Zeit großartig geführt hat. Gefährdet war die Familie bis zum 8. Mai, weil ja mein Vater politisch verfolgt wurde und auch geflohen war. Durch die Freundschaft mit Bauern am Radlpaß konnte er die letzten Kriegsmonate überleben. So war der 8. Mai für uns ein Tag, an dem wir uns alle sehr gefreut haben, daß der Vater wieder zurück war.

Die Familie Krainer im Exil in Gasselsdorf.

Heimkehr der Brüder

Hermann Schaller
Graz

Hermann Schaller war in den letzten Monaten des Krieges zuerst bei seinem Onkel in Knittelfeld untergebracht. Sein Onkel war Dechant, und der junge Hermann Schaller sollte bei ihm studieren. Doch die Bombenangriffe machten auch vor Knittelfeld nicht halt. In den Austria-Email-Werken wurden Kriegsprodukte hergestellt, das Werk war ein besonderes Ziel der Alliierten. Als die Stadtpfarrkirche im Februar von den Bomben fast völlig zerstört wurde, war Hermann Schaller bei seinem Onkel in Knittelfeld nicht mehr sicher. Er wurde von seiner Mutter nach Hause geholt. Die Eltern hatten einen Bauernhof in Ungerdorf bei Gleisdorf. Drei der fünf Geschwister von Hermann Schaller waren eingerückt. Monatelang wußte die Familie nichts von ihrem Schicksal.

Und es zählt auch zu den ganz berührenden Erlebnissen: Die erste Zeit, als die russische Armee eingebrochen ist, war eine sehr harte Zeit. Es ist sehr viel vergewaltigt worden, es sind Menschen dann auch umgekommen. Unser Haus ist von oben bis unten ausgeräumt worden. Und es war halt schon immer die Angst, wenn die Russen im Anrollen waren. Es hat sich dann nach ein, zwei Wochen einigermaßen zivilisiert und normalisiert. Zu den schönen Erlebnissen zählt für mich, daß einmal ein russischer Soldat zu uns gekommen ist mit seinem Kollegen, um Eier zu kaufen. Damals haben sie schon gekauft, denn Geld hatten sie genug. Wir haben uns mit ihm unterhalten, soweit es gegangen ist. In dem Augenblick kommen meine drei Brüder vollkommen unerwartet über das Feld, und natürlich sind alle in Tränen ausgebrochen, meine Eltern und wir vor lauter Freude, daß die Brüder wieder zurück sind. Und der Russe ist genauso in Tränen ausgebrochen und hat sich mit uns gefreut und war berührt. Da habe ich mir gedacht, wie schrecklich eigentlich ein Krieg ist, wo einer auf den anderen schießt, und im Endeffekt sind die

Bombenschäden an der Stadtpfarrkirche in Graz.

hüben und die drüben alles Menschen, die menschliche Beweggründe haben, die lieben, die aber auch hassen und die letztendlich genauso Menschen sind wie wir. So habe ich auch einen ganz anderen Zugang gefunden zum Thema Krieg mit diesem Erlebnis.

Doch damit waren noch nicht alle Ängste ausgestanden. Noch einmal mußte die Familie um ein Mitglied bangen.

Es war einerseits die Erleichterung, daß der Krieg zu Ende ist, aber andererseits war auch die Angst vor den Russen sehr groß. Also, es war auch die Propaganda damals nicht gerade ermutigend. Das, was man so gehört hat, hat uns schon auch sehr viel Angst bereitet. Es war auch so, daß in den ersten Tagen zum Beispiel alle vogelfrei waren. Wir haben insofern auch Glück gehabt, als wir Ostarbeiter immer bei uns beschäftigt hatten. Meine Eltern haben die genauso behandelt wie die Familienmitglieder. Es war so, daß wir da nie einen Unterschied gemacht haben. Sie haben mit uns mitgegessen und sind sehr menschlich behandelt worden. Das hat eigentlich meinem Vater das Leben gerettet. In den letzten Kriegstagen ist nämlich die Wlassow-Armee durchgezogen. Einige Einheiten haben auch bei uns gelagert. Offensichtlich haben sie damals bei uns Handgranaten hinterlassen. Russische Handgranaten. Die Russen haben dann im Zuge der Plünderungen diese Handgranaten gefunden und haben dann meinen Vater verdächtigt, daß er da irgendwelche Aktionen vorhatte, was völlig unsinnig war, weil mein Vater immer ein großer Gegner des Nationalsozialismus war. Die Russen hatten meinen Vater bereits an die Wand gestellt und wollten ihn erschießen. Gerettet haben ihn diese Ostarbeiter, die sich für meinen Vater eingesetzt haben und gesagt haben: „Das ist alles nicht wahr! Ganz im Gegenteil – er hat uns immer sehr menschlich behandelt.“ Und so haben sie ihm das Leben gerettet.

Nächste Station: Freiheit

In den letzten Kriegsmonaten schickte die deutsche Wehrmacht blutjunge Burschen an die Front – fast noch halbe Kinder, ungenügend vorbereitet und mit schlechter Ausrüstung. Davor fürchtete sich der 16 Jahre alte Karl Kocever und suchte einen Ausweg. Den fand er dann auch und damit auch gleich seinen späteren Beruf. Er war 1945 der jüngste Straßenbahnschaffner in Graz.

Karl Kocever
Graz

Ich war am 7. Mai in Graz, und es war noch Krieg. Um aber einer Einberufung in letzter Minute noch zu entgehen, bin ich dem Rat eines Kollegen gefolgt, der gesagt hat: „Geh doch zur Straßenbahn, die brauchen Leute. Frauen haben sie sowieso keine mehr. Dort kannst du unterkommen." Der Sitz des Personalbüros war in Mariatrost in einem Gasthof untergebracht.

Ich bin sofort hinaus, wurde dort auch ohne Untersuchung, ohne Prüfung, ohne irgend etwas sofort aufgenommen und konnte schon am nächsten Tag in etwas desolater Uniform anfangen. Ich bekam eine Bluse, eine Mütze, und die Hose war eine Steirerhose von meinem Großvater. Ich bin dann sofort eingeteilt worden für die Linie 2. Und solche Sachen vergißt man nicht, wenn sie auch 50 Jahre zurückliegen. Auf der Linie 2, das waren noch alte, offene Wagen, und die sind solo gefahren, ohne Beiwagen – das Personal hatte gefehlt, weil ein Teil eben weg war. In den Wagen waren Verdunkelungslampen angebracht. Auf einmal am Vormittag hieß es: „Die kommen weg – der Krieg ist aus!" ... Die einen haben's geglaubt, die anderen nicht. Aber es wurde mit Freude aufgenommen.

Noch eine Episode: Wir mußten nicht mehr „Adolf-Hitler-Platz“ ausrufen, sondern auf einmal hieß es auf Anordnung der Kontrolleure „Hauptplatz“ – und das laut und deutlich und so oft wie möglich!

Der erste Tag ging ohne Komplikationen ab. Ich weiß nicht, ob damals schon ein Ausgehverbot um 19 Uhr bestand. Jedenfalls am nächsten Tag, dem 9. Mai, war ich auf der Linie 6 eingeteilt. Mein Dienstbeginn war um 4.30 Uhr, das weiß ich deshalb so genau, weil ich mir Notizen gemacht habe. Ich ging von zu Hause fort, kam zur Packstraße, es war stockfinster. Plötzlich sah ich Soldaten, teilweise mit verbundenen Köpfen. Ich dachte zuerst an zurückflutende deutsche Truppen. Da blieb ein junger Bursch neben mir stehen, und zu meinem Entsetzen war er ein Angehöriger der Roten Armee. Er fuchtelte mit seiner Maschinenpistole herum. Ich war damals 16 Jahre alt, ein Held war ich nie! Er wußte nicht, was er mit mir anfangen sollte; ich wußte nicht, was ich antworten sollte, ich konnte ja kein Russisch.

Er deutete immer auf meine Schaffnertasche – wir hatten damals so große Taschen, „Zecker“ haben wir sie genannt. Ich wollte sie aufmachen, da klopfte er mir auf die Finger. Wahrscheinlich dachte er, ich hätte da eine Waffe drinnen. Zu meinem Glück ist dann ein älterer Angehöriger der Roten Armee gekommen; die beiden haben sich dann in ihrer Muttersprache miteinander unterhalten. Aus diesem Gespräch konnte ich heraushören, daß er sagte: „Tramwaya-, Tramwaya-Kondukteur.“ Das war eine Erlösung für mich, und auch der junge Soldat gab sich damit zufrieden. Sie fuhren dann ihrer Einheit nach.

Karl Kocever (rechts), der jüngste Straßenbahnschaffner in Graz.

Feuer frei

In den letzten Kriegstagen mußte Maria Riedrich ihren Heimatort Straden verlassen. Nur das Notwendigste hatte man in Schultaschen und Rucksäcke gepackt. Viele liebgewonnene Dinge mußte man zurücklassen. Auch das Vieh konnte nicht mitgenommen werden. Leicht ist es wohl niemandem gefallen, von zu Hause wegzugehen; ein letzter Blick aufs Elternhaus, auf die zerstörte Kirche von Straden, und ein stilles Versprechen, sobald wie möglich wiederzukommen.

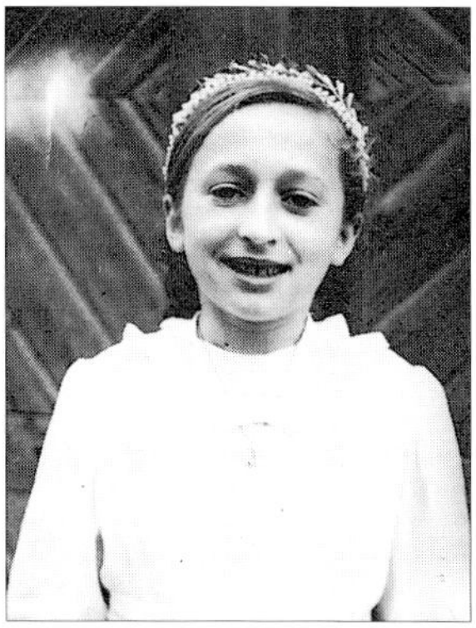

Maria Riedrich
Wagna bei Leibnitz

Und dann ist der Großvater kommen und hat zur Mutter gsagt: „Du mit den Kindern kannst da nit bleibn." Wir sind ja schon ein paarmal im Keller unten gwesn. So warn wir schnell einverstanden, und dann ist das ganze Dorf leer gwesn. Es ist schon traurig, wenn man sieht, es ist alles so verlassen, die Rauchfäng habn auffigschaut von den zsammgschossenen Häusern, so viel war abbrennt. Und wenn wir zufällig mit wem zsammkommen sind, da hat's Tränen gebn, und jeder hat gfragt: „Wo bistn du, wo bistn du?"

Dann sind wir über die Berge gangen, und da sind die Leut oft aussi aus den Häusern, wie sie uns gsehn habn, der alte Großvater mitn Stecken, die Mutter das Kind aufm Arm und fünf Kinder nachilaufn. Die haben sich halt auch dacht: „Mei, gehts uns auch einmal so?"

Unterschlupf hat man bei den Verwandten in Ratschendorf gefunden. Sooft es ging, besuchte man die Messe. Das bot ein wenig Abwechslung vom Kriegsalltag. Man kam unter die Leute und konnte sich gegenseitig Mut zusprechen.

Einmal sind wir nach Goritz, das war so Anfang Mai. Wir sind nach Goritz rüber Kirchen gangen. Da war noch täglich in der Früh eine

Messe. Es ist wohl gsagt wordn, solang s' noch dürfen. Da habn wir übern Friedhof gehn müssen, und da habn s' grad vorher ein ganzes Lastauto voll toter Soldaten bracht – so junge Menschen, also da ist uns wirklich ganz anders wordn, wie wir die blutjungen Leute gsehn habn. Ich hab sonst große Angst vor Toten, aber da hab ich keine Angst nicht ghabt. Da habn wir gsehn, die einen sind beim Kopf blutig gwesn, mancher hat noch n Kopf zsammenghaltn. Also, das hat mir sehr, sehr weh getan. Und dann ist dort noch was Schlimmes passiert: Da warn halt Soldaten, die habn gsehn, der Krieg kann nimmer lang dauern, die haben um Zivilkleider gebettelt. Aber da waren s' ja ganz streng – bis zuletzt war das deutsche Militär ja so streng. Die Deserteure habn sich dort in den Wäldern aufghaltn, und da war auch so ein blutjunger Mensch dabei, der oft zu den Häusern kommen ist, ein bisserl Essen betteln. Dann ist das verratn wordn. Dann habn wir uns gegenseitig gfragt: „Ja, warum kommt der nimmer?" – „Ja, der ist erschossn wordn." Also ganz, ganz knapp, bevor der Krieg ist auswordn.

Ja, und drüben in Hofstätten, da warn noch acht, die halt um Zivilkleidung gebettelt habn. Die sind dann am 8. Mai schon aufgstellt gwesn, daß halt erschossn werdn. Da ist im allerletzten Moment noch die Meldung kommen, „der Krieg ist aus", und denen ist noch das Leben grettet wordn.

Freude – Enttäuschung – Zorn

Die Liebe zur Natur und zu allem Lebenden hat den jungen Johann Mayerhofer dazu bewogen, Forstschüler zu werden. Doch dann kam der Krieg. Von seinen Kollegen aus der Forstschule sind alle bis auf einen gefallen. Die schrecklichen Bilder des Krieges verfolgen ihn bis heute in seinen Träumen.
Um Mitternacht zum 8. Mai 1945 überschritt die 118. Jägerdivision, zu der Johann Mayerhofer gehörte, bei Sveta Kunigunda die ehemalige österreichische Staatsgrenze.
Voller Freude über das Kriegsende entledigten sich die Soldaten des schweren Kriegsgerätes und traten in einem Nachtmarsch den Heimweg an.

Johann Mayerhofer
Katsch

Am frühen Morgen, uma sieben oder ochte herum, ist die ganze Kolonne in Schwanberg gstanden, und dann hot's gheißen, schnelle Feuerbereitschaft, das heißt „durchladen". In Schwanberg sind links und rechts von der Stroßen bewaffnete Fremdarbeiter gestanden. Es hat dann gheißen, wenn ein Schuß fällt gegen uns, dann schießen wir zurück. Das woar a große Belastung. Zuerst haben wir a Freid ghobt, dann woarn wir enttäuscht, und dann woarn wir zornig. Wir haben uns die ganze Heimkehr anders vorgestellt. Des woar schlimm, weil wir gwußt haben, daß der Ruß irgendwo in der Nähe ist und wir den Russen übergeben werden und vielleicht noch in Gefangenschaft kommen im letzten Moment nach der Kapitulation. Wir wollten jo nur heimmarschieren, aber nicht dem Russen übergeben werden. Deis hätten die aber wollen, wahrscheinlich. Des woar auf des Messers Schneide. Wir hätten wahrscheinlich ein Blutbad angrichtet.

Glücklicherweise konnten die Fremdarbeiter beruhigt werden, und die Soldaten zogen weiter.

Der Forstschüler Johann Mayerhofer inmitten seiner Kollegen.

Da die Russen bereits in Deutschlandsberg waren, ging es querfeldein über Trahütten ins Lavanttal. Der lange Fußmarsch fiel Johann Mayerhofer nicht schwer; ihn beflügelte der Wunsch, endlich wieder heimzukommen.

Wir san dann über das Klippitzthörl nach Guttaring, und dort woar ein großes Auffanglager. In Guttaring hab i zu an Kollegen gsagt, daß i heimgeh und daß mi die Sache do nimmer interessiert. I bin dann über Friesach, Metnitztal über die Alm nach Stadl-Kaltwasser und bin dann ins Murtal. Am 13. Mai bin i heimkommen – die haben jo nit gwußt, komm i heim oder nit –, natürlich woar die Freid groß. I hob mein Vater gsehen von weitem auf der Hausbank sitzen. I hob ihn natürlich begrüßt und er mi a. Die Uniform hot mei Mutter glei gnommen und eingheizt, weil wir jo verlaust woarn, und so hot des zivile Leben mit ana anständigen Jausn angfangen.

Russisches Roulette

Alfred Wolf lebt heute in Altneudörfl bei Radkersburg. Schon immer haben ihn die zeitgeschichtlichen Ereignisse sehr interessiert. So hat der damals 15jährige genaue Aufzeichnungen über die Luftangriffe auf Graz geführt. Zehn Jahre nach dem Kriegsende marschierte er von Bauernhof zu Bauernhof und erstellte so eine Skizze über den genauen Frontverlauf im Bezirk Radkersburg am 8. Mai.

Burschen seines Alters lebten 1945 sehr gefährlich. Man mußte täglich mit einer Einberufung zum Arbeitsdienst oder zum Volkssturm rechnen. Bei seinem ersten Arbeitseinsatz in Rogaška Slatina wäre er beinahe ums Leben gekommen. Ein fanatischer Ausbildner ließ den damals schwerkranken Buben stundenlang marschieren. Als er vor Erschöpfung zusammenbrach, ließ man ihn einfach liegen. Eine andere Einheit, die nur zufällig vorbeikam, brachte Alfred Wolf ins Lazarett.

Die letzten Kriegstage verbrachte er in seinem Heimatort Unterpremstätten bei Graz. Dort hat sich am 8. Mai vor den Augen des Jungen fast eine Tragödie abgespielt.

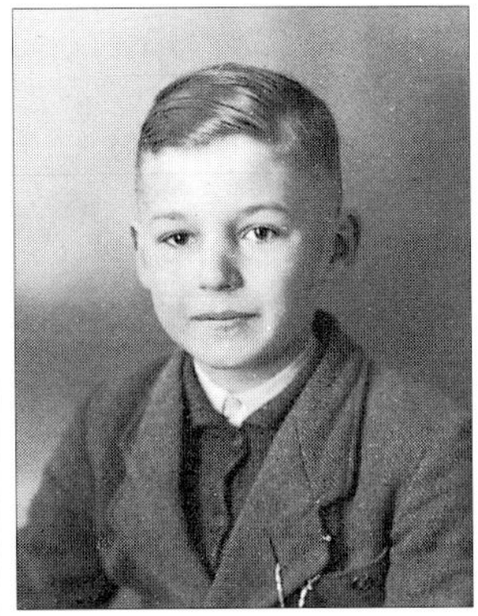

Alfred Wolf
Altneudörfl bei Radkersburg

Wie sich das deutsche Heer im April zurückgezogen hat in Richtung Westen, waren auch Angehörige der Wlassow-Armee dabei. Das waren Russen, die mit Hitlerdeutschland gekämpft haben. Diese waren mit schweren Geschützen bestückt und haben in Unterpremstätten Station gemacht und haben diese Geschütze in Stellung gebracht. Es war eine Spannung, eine Erwartung, man fragte sich: „Wie geht's jetzt weiter?" Und wie gesagt, es hat nicht lange gedauert, es war der 8. Mai, sind dann die Russen gekommen. Ich habe nur drei Minuten von der Kirche weg gewohnt und habe von einer Anhöhe aus alles mitangesehen – wie die

Panzer von dort, wo heute das Schwarzl-Freizeitzentrum ist, rechts hinunter bis Kalsdorf, einer neben dem anderen, aus dem Wald herausgekommen sind. In dieser Formation sind sie über die Felder in Richtung Premstätten gefahren.

Zu dieser Zeit war die Wlassow-Armee noch da. Das waren ja ganz fanatische und verbissene Leute, die hatten ja auch nichts mehr zu verlieren. Auf einmal kommen die auf die Idee und kurbeln ihre Geschützrohre runter auf Panzerbeschuß. Ich dachte mir: „Na, das kann ja was werden“, und habe mich natürlich schleunigst zurückgezogen. „Jetzt gibt es eine Panzerschlacht, die einen werden hinschießen, die anderen zurück, dann wird Unterpremstätten gut ausschauen!“

Tatsächlich, alle Rohre gehen herunter, werden waagrecht, und dann habe ich mich gleich aus dem Staub gemacht. Die Panzer sind weitergefahren. Aber dann bekamen die Wlassow-Soldaten doch den Befehl, nicht zu schießen, sondern zu flüchten ... und so war's auch ... Die haben alles stehen gelassen ... in der Nähe sind ja Wälder, hinter Premstätten ist der Schachenwald, wo heute das Schwarzl-Freizeitzentrum ist, und der Wald bei uns in Unterpremstätten, der Richtung Wildon liegt, das ist der Kaiserwald – der heißt deshalb so, weil dort früher einmal Kaiserin Maria Theresia gejagt hat. Dorthin haben sich die Wlassow-Soldaten zurückgezogen und versteckt – sie rannten praktisch um ihr Leben.

Es hat nicht lange gedauert, und die Russen sind eingefallen in Unterpremstätten. Die haben sofort bemerkt, daß irgend etwas im Gange war. Sie haben sich um die Zivilbevölkerung überhaupt nicht gekümmert, sondern haben sich gleich direkt Richtung Wald gewendet, und kurze Zeit später hörten wir schon Schüsse mit Gewehren und Maschinenpistolen, aber sonst hat man nichts Weiteres erfahren, ob sie auch auf Menschen geschossen haben. – Ja, das war der 8. Mai 1945.

Das Ende der Wlassow-Truppen war tragisch. General Andrej Andrejewitsch Wlassow und ein Großteil der Truppe suchten Schutz bei der tschechischen Regierung. Diese lieferte sie aber an die Sowjets aus. Die Truppe und der General wurden als Hochverräter hingerichtet.

Aufräumungsarbeiten nach einem Bombenangriff auf Graz. ➠➠

Kanonenfutter

Rosa Jost sieht man ihre 94 Jahre überhaupt nicht an. Stolz erzählt sie, daß sie jetzt die Älteste in der Pfarre Söchau ist. „Fröhlich sein, singen und lachen" war schon immer ihr Rezept, obwohl es damals für die Familie Jost nicht viel zu lachen gab. (Immer hieß es, fleißig zu arbeiten, auch als Rosa Jost, wie sie sagt, „gleich über den Zaun geheiratet hat".) Ihr ganzes Leben hat sie in Söchau verbracht. Und dann mußte sie von einem Tag auf den anderen den Hof verlassen, denn die Front war inzwischen schon fast bis Söchau vorgedrungen. Gemeinsam mit ihrem Sohn Franz erinnert sie sich an diese Zeit.

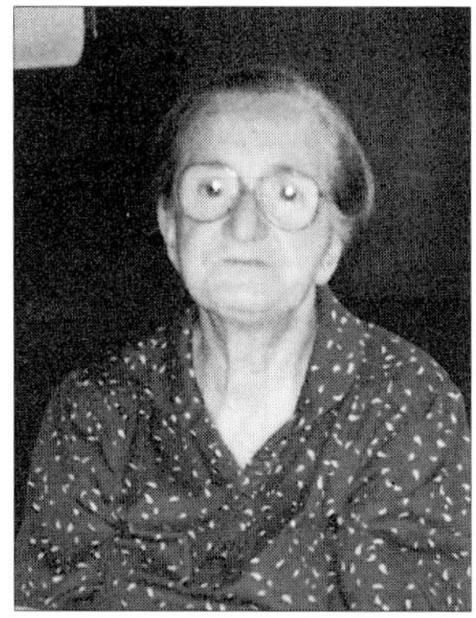

Rosa Jost
Söchau

Sohn: Fürstenfeld war bereits von den russischen Truppen besetzt. Die letzte Hauptkampflinie war zwischen Fürstenfeld, Übersbach und Söchau. Hier hat man fanatische SS-Truppen, Alte und Kinder in den Kampf geworfen. Folgendes Erlebnis wird mir ewig in Erinnerung bleiben: Im Gasthof „Mayer", dem heutigen „Oststeirischen Hof" …

Mutter: Da war der Verbandsplatz, gell …

Sohn: Ja, ein Verbandsplatz mitten in einem Bauerngasthof.

Mutter: Da haben wir Milch rübertragn zu den Verwundeten.

Sohn: Und dort mußte ich etwas erleben, das meine Kindheit und mein Leben bis heute geprägt hat, und das ist auch der Grund, warum ich alles daransetzen werde, daß es so etwas nie mehr geben soll.

Auf diesem Verbandsplatz wurden den jungen Menschen die Gliedmaßen sofort amputiert. Ein ganzer Berg von diesen Gliedmaßen lag am Misthaufen des Gasthofs. Die Schwerverletzten wurden dann weiter nach Gleisdorf und Graz gebracht.

Mutter: Die Füß und die Händ hams glei aufn Misthaufen gschmissn. Do hat einer a Faßl Wein eingrabn ghabt. Jetzt hamma halt den Wein den

Verwundeten gebn. Und Milch – was wir ghabt habn, hamma halt gebn. Viel hamma ja a nimmer ghabt. Es war schrecklich.

Man hat keine Tränen mehr ghabt ...

Von den russischen Soldaten hatte man schon lange vor ihrem Eintreffen Schreckliches gehört. Als Frauenschänder und Plünderer waren sie verschrien. Die Familie Jost mußte allerdings miterleben, daß man in den letzten Tagen vor niemandem sicher war.

Mutter: Die Russn habn uns nichts tan, nur die andern – die SS. In der letzten Nacht noch habn s' die Dirnderln, die Rosi und die Gusti haben sich noch müssen ... Unsere Rosi ist mit einer ganz zerzausten Gretlfrisur heimkommen.

Sohn: Die Schwägerin meiner Mutter.

Sie haben ein gutes Argument gehabt, sie haben gesagt: „Sonst kommen eh die Russen – dann machen's gscheiter wir!"

Viel hat man nicht besessen nach der Rückkehr auf den heimatlichen Hof. Aber man hatte wieder Frieden und zwei gesunde Hände. Rosa Jost erinnert sich an den ersten Sonntag zu Hause.

Mutter: Am ersten Sonntag, als wir wieder daheim gwesn sind, hat mein Mann gsagt: „Schaun wir außi a bisserl aufs Feld." Und da hat man uns gsagt, da draußn auf der Wiesn, wo unsere Äcker sind, da liegat was, und es traut sie niemand zuwi.

Sohn: Man hat geglaubt, ein Mensch, ein Russe oder ...

Mutter: Wie wir halt noch dreißg Meter weg warn, hat mein Mann gsagt: „Des schaut wirklich aus, als ob da was liegat."

„Ja du", hab i gsagt, „sei vorsichtig!"

Sohn: Es war alles vermint.

Mutter: Dann hat er sich halt zuwigschlichen. Und auf einmal kniet er dort! Hat er ummagschrien, weil ich bin ja nit mitgangen: „Rosl, geh her!" hab ich mir denkt: „Ja, da muß ja doch was sein!" Ist das große Kreuz vom Feldkreuz, das ist so hoch, ja wie ...

Sohn: Ja, zweieinhalb Meter sicher ...

Mutter: Ein großes Kreuz, ist der Herrgott schon so groß wie a Mensch. Liegt das Kreuz da! Hab ich mich a no niedakniat, hab ich mir

Bei Erntearbeiten nach dem Krieg.

dacht: „Ja, was machn wir denn hiaz?" Habn wir einmal zuerst gebetet. Und dann habn wir gsagt: „So, hiaz habn wir's gfundn, vielleicht könn'n wir's wieder dorthintun, wo's hinghört. Jetzt habn wir's müssn über die Wiesn – ja wie weit wird das sein?

Sohn: Ein paar hundert Meter.

Mutter: Habn wir's dort auf die Schulter gnommen und habn alle zwei zaht bei dem Kreuz, und habn's dort hinglahnt wieder bei der Kapelln.

Hier ruht ein Befreier

Wenn Adelheid Klemencic über ihre Erlebnisse mit den Russen erzählt, dann muß man herzlich mitlachen. Sicher, aus einer Entfernung von 50 Jahren klingt manches viel lustiger und unbeschwerter, als es für die damals 14jährige wirklich war. Denn auch in Kleinwagna nahmen die plündernden Truppen alles mit, was nicht niet- und nagelfest war. Wen wundert es da, wenn die Betroffenen schließlich zur Selbstjustiz griffen!

Adelheid Klemencic
Leibnitz

Ja, der hat fest gstohln bei den Bauern, also Eier und Hendln und gselchtes Fleisch, was er erwischt hat. Und dann habn die Bauern ihn erwischt und ihn erschossen. Dann habn sie ihn eingrabn gleich nach der Brückn und habn draufgschriebn:

„Hier ruht ein Befreier
von Fleisch, Speck und Eier.
Gott geb ihm die ewige Ruah
gstohln und gfressn hat er gnua."

Ja, und wie die radlfahrn glernt habn – das hätten S' sehn solln. Jetzt ist die Brücke ja anders in Wagna – damals war die alte Murbrücke, und bei dem Gasthaus Neuhold, da geht ein Weg nach hinten, und dort ist so ein kleiner Riegl, und wir sind dort als Kinder immer Schlitten gefahren. Genau dort habn sich die Russen die Weckeruhren umghängt, dann aufs Radl auffi, und dann sind s' dort abigfahrn. Unten sind s' umgfalln, habn das ganze Graffl wieder gleichbogn, sind wieder auffi und wieder abigfahrn. Also das war lustig.

Adelheid und ihre Schwester hatten immer schon großes Mitleid mit den Opfern des Krieges. Schon während des Krieges hat die Schwester Lebensmittel in die Mülltonnen geworfen, die dann von KZ-Inhaftierten herausgeholt worden sind. Das wäre dem Mädchen fast zum Verhängnis geworden. Besonders schlimm war es für Adelheid, als nach Kriegsende die deutschen Soldaten wie Verbrecher durch das Dorf getrieben wurden.

Wie sie die deutschen Gefangenen durchtriebn habn, die Russen – da warn sie natürlich sehr grob. Die habn auch kaum was zu essen ghabt, und wir habn die ganzn Erdäpfel, waschhäfnvollweis, gkocht, und ich hab s' den Gefangenen außigebn.

Mich wundert's, daß die Russen mir nichts tan habn, aber ich war halt so ein kleines Dirnderl.

Dann hab ich den Gefangenen das halt zum Essen gebn. Einer hat sich einen Ring vom Finger zogn, einen Ehering, hat gsagt: „Dirnderl, gib das deinem Vater, er soll das meiner Frau gebn." Aber bevor er mir hat die Adreß sagn können, habn ihn die Russen schon weitertriebn.

Also die Mama hat mich immer sehr stark zrückhaltn müssn, weil ich wär auf die Russn losgflogn.

Aber ich hab den gfangenen Soldaten immer die Erdäpfel hingebn – also ich sag Ihnen was – im Nu war der Waschhäfn leer, samt den Schalen habn sie s' gessn, so hungrig warn die.

Mir habn die Männer so leid tan, mitn Gwehrkolbn habn sie s' weitertriebn. Und ich hab gsagt: „Mami, das kannst doch nicht zulassn." Und sie hat gsagt: „Dirnderl, das verstehst noch nicht!"

Und dann noch etwas: Die Nazis, die in Leibnitz waren – zwölf waren es – habn eigentlich gar nichts angstellt, ein Lehrer war dabei, ein Gendarm und andere – die wurden von Herrn (Name der Red. bekannt) an die Partisanen verraten. Die habn sie dann gholt, und im Wald draußn grausam umbracht. Dann habn sie s' gfundn in einem Massengrab. Sie waren mit einem grauslichen Draht gefesselt, im Tod hat der noch eingschnittn. Ich weiß nicht, wie viele Einschüsse die ghabt habn. Ganz furchtbar gmartert müssen s' wordn sein. Also, das war schon grauenhaft damals.

Niemand kann abschätzen, wie viele Bücher, Dokumente, Bilder und Abzeichen nach Kriegsende vernichtet wurden. Die Ideologie einer ganzen Generation ging in Flammen auf. Wie soll man einem jungen Menschen erklären, daß alles, was bis jetzt gut und erhöht war, plötzlich schlecht, niedrig, ja sogar gefährlich ist?

Wir sind doch in der Nazizeit erzogen wordn. Und ich hab den Adolf Hitler sehr verehrt. Wie der Vater ghört hat, es geht dem Ende zu, hat er alles, was noch da war, eingheizt. Und ich hab das Bilderl versteckt. Da warn dann die Russn schon da, hab ich einmal heimlich das Bilderl angschaut, hab aber nicht gsehn, daß der Vater schon hinter mir ist. Aber so eine kräftige Ohrfeige, wie ich damals kriegt hab, die werd ich nie vergessn. Er hat gsagt: „Du bist schuld, wenn uns die Russen alle umbringen", hat mir das Bilderl weggnommen und hat's eingheizt. Also ich hab das doch nicht verstehn können, ich hab ihn doch verehrt, was da sonst alles war, als Kind denkt man doch nicht so nach drüber.

Es wird einmal ein Wunder geschehn ...

Artur Kremsner
Wien

In den letzten Kriegstagen ist Artur Kremsner auf der Flucht. Wegen „unvorsichtiger Äußerungen“ wird er von der Gestapo gesucht. Zusammen mit einem tschechischen Tanzmusikkapellmeister, einer isländischen Musikstudentin und einem Volksdeutschen aus Rumänien versteckt er sich nordöstlich von Graz im Schöckelgebiet. Das Berufsziel des damals 22jährigen scheint unerreichbar: „Rundfunksprecher oder Auslandstätigkeit“. Wenige Tage später ist er Sprecher beim damaligen „Österreichischen Freiheitssender Graz“, wird zehn Jahre später stellvertretender Chefredakteur beim gesamtösterreichischen Rundfunk in Wien. 1965 wird er als Presseattaché an die österreichische Botschaft in Budapest berufen und ist in weiterer Folge auch in Ostberlin und Teheran tätig. Seit Anfang 1989 ist Artur Kremsner in Pension und lebt in Wien. Auf die Frage, was für ihn im Jahr 1945 das allerschönste war, meint er: „Daß man sich nach sieben Jahren wieder Österreicher nennen durfte.“

Und ich kann mich noch sehr gut erinnern, es gab ja einen Tag des Interregnums. Da waren die deutschen Truppen schon von Graz weg, und die Russen noch nicht da. Ich bin gegenüber der Universität in einem Gasthaus gesessen, sehr interessiert habe ich dort Radio gehört, auch zufällig die letzte Ansprache des letzten NS-Vertreters in der Steiermark. Das war der Dr. Armin Dadieu, Gauhauptmann seines Zeichens. Nachdem alle anderen Naziführer die Steiermark schon fluchtartig verlassen hatten, war er der letzte und hat eigentlich eine offizielle Abschiedsrede für das Regime gehalten. Dann war kurze Zeit Funkstille und Schallplattenmusik. Naja, er hat gesagt, der Krieg sei jetzt praktisch zu Ende, und er verabschiede sich jetzt von der Bevölkerung der Steiermark. Und ich weiß nicht, ob mich meine Erinnerung trügt, aber ich glaube auch noch gehört zu haben, daß er sagte, der Wiedererrichtung eines unabhängigen Österreich stehe hiermit nichts mehr im Wege.

Der tschechische Kapellmeister, mit dem ich im April unterwegs war, hat gesagt, er kenne jemanden beim Sender Graz, und der habe ihm gesagt, wenn alles anders würde, bekäme er die Leitung der Tanzkapelle. Er würde also jetzt zum Sender gehen, das müßte so um den 14. Mai 1945 herum gewesen sein. Und ich sollte ihn doch begleiten, dann hätte ich einmal gesehen, wie eine Rundfunkstation von innen aussieht. Ich bin mit ihm mitgegangen. Wir wurden dort von dem damaligen Intendanten begrüßt. Der war noch aus der Zeit vorher übernommen. Er klagte entsetzlich, daß er keinen Sprecher dort habe außer dem Operettenregisseur und Buffo Otto Langer, der aber bald wieder weggehen müsse. Woraufhin der tschechische Kollege meinte: „Mach doch die Sprecherprobe, dann kannst sagn, du bist einmal im Leben vor einem Mikrophon gesessen." Gesagt – getan, ich habe meinen Text heruntergelesen. Wer beschreibt mein Erstaunen, als es hieß: „Sie können morgen bei uns anfangen."

Dann habe ich dort begonnen, die ersten vier Tage noch abwechselnd mit Otto Langer. Dann wochenlang praktisch allein, täglich von sechs Uhr früh bis Mitternacht – also während der gesamten Sendezeit: Nachrichten, Wetter, Zeitansage, Kinder- und Hausfrauenstunde, Schallplattenkonzerte, wobei wir damals nur einen Fundus von etwa 150 Schallplatten hatten. Wir haben sogar eine Gesamtaufnahme der Fledermaus gehabt, die aber gerade in die damalige Zeit so schlecht gepaßt hat, denn das war eine Aufnahme aus Berlin. Und im letzten Akt der Fledermaus, im Gefängnis, wo der Gefängnisdiener sagen muß: „Verfluchter Slibowitz", hat es in dieser deutschen Fassung geheißen: „Verdammter Pommeranzn" – das war im Jahr 1945 recht eigenartig.

Die Russen haben auch die Schallplattenkonzerte zensuriert. Es mußte ihnen also das Schallplattenprogramm vorgelegt werden. Gewisse Platten haben sie dann abgelehnt und herausgestrichen, die durften dann nicht gespielt werden. Das waren meistens Platten, die in ihrem Titel vielleicht eine Doppeldeutigkeit enthalten haben, z. B. hat man uns verboten zu spielen: „Es wird einmal ein Wunder geschehn". Das hat ihnen überhaupt nicht gepaßt. Es hat der sowjetische Zensuroffizier gesagt: „Sie brauchen nicht hoffen, daß ein Wunder geschieht ... – wir bleiben da!"

Sie sind aber dann doch im Juli gegangen.

Gruß aus Feldbach

Manchmal, da nimmt Johanna Hacker ein Blatt Papier und vertraut ihm ihre Gedanken, Gefühle und Erlebnisse an. Es passiert ganz einfach. Ganze Ordner füllen die Erinnerungen der Feldbacherin. In Reimform hat Johanna Hacker auch ihre Erlebnisse vom Kriegsende niedergeschrieben. Das ganze Werk umfaßt 17 Seiten, einige Strophen davon möchten wir hier vorstellen. 1945 arbeitete die damals 17jährige bei der Feldbacher Post. Kriegsaushilfe nannte man das. Ihre Arbeit als Telefonistin hat Johanna Hacker sehr geliebt, obwohl es in der „Russenzeit" gar nicht so leicht war, an den „Sexboys", so nannte man damals die Russen, vorbei zur Arbeitsstelle zu gelangen.

Johanna Hacker
Feldbach

Ich schalte jetzt wieder zurück
und mache in die Vergangenheit einen Blick.
Das ganze Raabtal war erfüllt mit Rauch
Menschen irrten herum, herrenlose Rinder auch.

Ich erinnere mich an den zweiten Ostertag
als Paurach, als letztes Dorf im Raabtal,
brannte und dann in Schutt und Asche lag.
Die alten Pauracher standen weinend am Waldrand,
konnten nichts retten und mußten sehn,
wie ihre Gehöfte, ihre Wohnungen
im Flammenmeer untergehn.

Teile von verkohlten Strohdächern trieb der Wind,
über die Hügel geschwind.
Dann haben wir noch die Tiefflieger genossen,
die haben flüchtende Frauen und Kinder
aus allen Rohren beschossen.

Der steirische Gauhauptmann Dr. Armin Dadieu (links außen).

Russische Wagenkolonne in der Oststeiermark 1945.

Das dauerte bis zum 8. Mai,
denn dann war endlich der Krieg vorbei.
Uns verging aber bald die Freude und das Lachen,
was werden die Russen mit uns nun machen?

Wir haben geschlafen im Keller
oder im Stall in der Nacht
und die Soldaten haben als Souvenir
uns auch Kleiderläuse mitgebracht.
Diese ungebetenen Gäste
hatten wir bisher nicht gekannt.
Wir haben sie dann
mit siedendem Wasser verbrannt.
Haben dann Petroleum genommen,

ich wunderte mich,
daß es die Russen nicht haben getrunken,
das ganze Haus hat nach Petroleum gestunken.
Doch es hat immer wieder erfüllt seinen Zweck,
Läuse und Flöhe, die hatten wir weg.

Eine Begebenheit sei hier noch erwähnt,
ich weiß heut noch den Baum,
an den ich mich einst vor Erschöpfung gelehnt,
als betrunkene Soldaten
mich aus dem Versteck gezerrt,
meine Eltern haben das Schlimmste verwehrt.
Ich bin gerannt,
die Soldaten haben geflucht und geschossen
und haben unsere Angst wohl auch sichtlich genossen.

Die meisten wollten nur Frauen,
sie wollten Schnaps, sie wollten Wein,
und das sollten unsre Befreier sein?
Wir hatten keinen Wein,
damit konnten wir nicht dienen,
irgendwas mußte aber die Kehle runterrinnen!
da hat ein ohnehin schon betrunkener Soldat,
eh wir es ihm verwehrt,
unseren Essigkrug ganz gierig bis zur Neige geleert.
Wir hatten erwartet, daß er hustet, daß er spuckt,
doch der Bursche hat mit keiner Wimper gezuckt.

Ich werde auch diese Soldaten nicht vergessen,
die friedlich in der Küche haben Eierspeis gegessen,
die die Kinder haben auf die Knie genommen,
dabei sind ihnen die Tränen über die Wange geronnen.
Auch sie haben den schrecklichen Krieg verflucht
und haben ein zerknittertes Foto
aus der Tasche gesucht;

darauf waren Männer, Frauen und Kinder zu sehen,
sie hatten nur einen Wunsch: nach Hause zu gehen.
Als sie hereinkamen,
haben wir gar nicht zu atmen gewagt.
Beim Abschied haben sie „dobre Mama"
und „trasvedanjir" gesagt.

Im Juli kamen die Tommies in die zerstörte Stadt,
da man einmal kräftig durchgeatmet hat.
Doch die taten uns nichts, die kamen als Freunde,
es war nicht zu glauben, daß das einst waren Feinde.
Sie taten im Stadtgebiet ruhig ihre Pflicht
und störten am Land die Nachtruhe nicht.

Einmal mußte ich mit Roy einkaufen gehen,
ein Geburtstagsgeschenk für Mama wollte er erstehen.
Was sollten wir kaufen, das war wohl sehr schwer,
die Geschäfte geplündert, die Regale fast leer.
Wir dann doch etwas fanden,
ein Wandteller – „Gruß aus Feldbach" ist draufgestanden.

In der Pause sind wir oft
mit den Soldaten zusammengesessen,
haben Obst gegen Kekse getauscht.
Sie haben gerne unsere steirischen Äpfel gegessen.
Es waren sehr nette Burschen,
die nur Freundschaft wollten
und nicht die Mädchen mit der „Puschka"
aus den Häusern holten.
Beim Abschied wünschten wir ihnen alles, alles Glück.
Ich hoffe, sie alle kamen gut nach Hause zurück.
Sie alle hatten auch einen Wunsch fürs weitere Leben:
Es möge nie, nie wieder Kriege geben!

Wie ich die Gretel aus russischer Kriegsgefangenschaft befreite

Peter Feischl
Halbenrain

Dr. Peter Feischl ist heute ärztlicher Direktor des Landeskrankenhauses Bad Radkersburg. Die Liebe zu seinem Beruf hat er von seinem Vater, dem ehemaligen Leiter des LKH Fürstenfeld. Als einer der wenigen Ärzte ist Engelbert Feischl damals, 1945, nicht geflüchtet, sondern bis zuletzt bei den Kranken geblieben. Auch nach Kriegsende war er Tag und Nacht für die Kranken und Verwundeten da, unabhängig davon, ob es sich dabei um Österreicher oder Russen handelte. Einmal wurde er sogar eingesperrt, weil er seine geistlichen Schwestern vor der Vergewaltigung durch die Russen schützen wollte. Seine Frau und seine drei Kinder brachte er während dieser gefährlichen Zeit in seinem Elternhaus in Mariazell in Sicherheit. Dort war sein Bruder Bäcker. Die erste Zeit war es noch sehr ruhig, und vor allem der damals 13jährige Peter fand schnell neue Freunde, darunter das Pferd Gretel. Als am 8. Mai die Russen auch in Mariazell einmarschierten, hatte man die meisten Pferde bereits auf der Bürgeralpe in Sicherheit gebracht.

Zurück blieb lediglich die Gretel, eine alte Braunstute, gemütlich, die mir sehr ans Herz gewachsen war. Nach einigen Tagen, die Russen waren ja einquartiert in der Bäckerei, weil sie dort ihr Brot gebacken haben, fuhr mein Onkel mit der Stute auf den Acker, um dort umzubauen. Es war ja Frühjahr. Nach Stunden kam er immer noch nicht zurück, weder Pferd noch Wagen noch Onkel. Nach einiger Zeit aber kam er erschöpft zu Fuß, hinkend, fluchend und schwitzend. Auf unsere

Das Auto der Familie Feischl.

Frage, was denn los sei, sagte er uns: „Die Russen haben die Gretel mitgenommen!" – „Und, wo ist der Wagen?" – „Der steht noch am Acker." Das war für mich natürlich ein furchtbares Erlebnis. Dann begab ich mich auf die Suche, wo denn meine liebe Gretel sei. Aber ich fand sie nicht. Nach einigen Tagen kam so ein Russenfuhrwerk mit einem Pferd und fuhr an unserem Haus nahe der Kirche vorbei. Aber da wollte das Pferd nicht mehr weitergehen. Es wieherte und stand stur wie ein Bock. Das sah ich, und was sah ich zu meiner größten Freude, es war die Gretel. Ich rief nach ihr, daraufhin wieherte das Pferd wieder, aber der Russe hat mit einer Peitsche auf sie eingeschlagen und fuhr davon. Und nun war ich sicher, daß die Gretel noch irgendwo in der Nähe ist. Sie könnte also nur auf dieser Russenkoppel sein. Und so habe ich mich also wieder auf den Weg gemacht, ohne daß meine Mutter oder mein Onkel das wußten, und habe das ausspioniert. Ich habe die Gretel dann auch wirklich in dieser Koppel gefunden. Ich habe sie gerufen, sie hat wiehernd geantwortet und kam auf mich zu. Ich packte sie einfach am Zaumzeug und ging mit ihr davon, durch ganz Mariazell durch, über die große Stiege neben der Basilika hinauf in unseren Stall.

Aber nach einiger Zeit kamen zwei Russen polternd bei der Haustür herein. „Du mitkommen zur Kommandatura", sagten sie zu meinem Onkel. „Und du auch!" sagten sie zu mir. So mußten der Onkel und ich zur Kommandatura, eskortiert von zwei Russen mit MPs.

„Du stehlen Pferd! Du Bäcker. Du brauchen nicht Pferd!"

„Ich brauchen Pferd ... für holen Holz ... zu heizen Backofen!"

„Was diese Bub hat gestohlen?"

„Oh, Klein Peter mag gerne Pferd – Gretel!"

„Bub mag Pferd?" ... „Ja", sagte auch ich.

„Dann du nehmen Pferd und gehen, und nix mehr brauchen stehlen andere Pferde!"

Müde Russen

Erst vor wenigen Jahren hat Ernst Mittermayer die familieneigene Bäckerei in Graz-Waltendorf aufgegeben und sich zurückgezogen. Heute lebt er in Unterpremstätten.
Ernst Mittermayer war 15, als der Krieg zu Ende ging. Der damalige Lehrling erinnert sich an den Tag, an dem die Russen kamen.

Ernst Mittermayer
Unterpremstätten

Wir haben da einen Kaufmann ghabt, das war der Herr Jelonitsch, drüben in der Leonhardstraße. Und da hat der Vater gsagt, i muß hinüber mit dem Gebäck, der hat noch was kriegt. Wir haben halt versucht, das, was wir noch backen haben können, das hamma halt gmacht, und das hamma auch zugstellt. Da bin ich dann mit dem Radel losgfahrn. Was da an Russen hereinmarschiert is, das hätt ich nie für möglich ghalten. Alles bespannte Truppen, und in solchen Mengen, daß man sich gfragt hat, wo die herkommen sind.

Und dann is gleich am nächsten Tag, oder war's am übernächsten Tag, is ein russischer Offizier gekommen und hat gsagt, die Bäckerei is beschlagnahmt, wir müssen für die Rote Armee backen. Da haben sie uns zwei russische Soldaten zur Bewachung in die Bäckerei gestellt. Die sind dort gesessen und haben aufgepaßt, daß wir halt nix hineingeben, daß ma net die Leute vergiften oder irgend etwas. Jedenfalls sind die dort gesessen und haben gschaut, wie wir gearbeitet haben. Da waren noch die zwei alten Gehilfen, der Herr Gagiter und der Herr Scharmann, mein Vater und ich. Und wie's so warm worden is drinnen, auf einmal sagt der Herr Gagiter: „Schau, Ernstl, die schlafen ja!" Die haben die Maschinenpistolen so unterm Arm ghabt, und da sagt er: „Du, zum Schluß drücken die da rauf, und dann geht was los, nehmen wir's ihnen weg." Jetzt hab i gsagt: „Na, i weiß net, Herr Gagiter, trau ma uns das?“ Sagt er: „Das müss’ ma, siehst eh, die schlafen ja immer mehr und immer mehr.“ Jetzt haben wir ihnen schön vorsichtig die Maschinenpistole rausgezogen und neben hinglegt. Die haben das net bemerkt und haben weitergschlafen. Gegen in der Früh dann sind sie wach geworden. Sind aufgsprungen voller Erregung, wo is ihr Gewehr, wo is ihre Maschinenpistole? Da haben wir sie dann beruhigt und haben ihnen gezeigt, da liegen s’ eh. Dann sind sie so freundlich gworden die zwei und haben gebeten: „Ja nix Kommissar sagen, ja nix dem Kommissar sagen!“ Als Belohnung hamma dann halt dürfen von dem Brot, das wir gebacken haben, hamma dürfen für uns was wegnehmen.

Da hat der sogenannte Werwolf, so ein paar Verrückte, die geglaubt haben, sie können das noch umdrehen, die haben ein paar Russen erschossen. Und da war dann eine große Aufregung, und da war ich auch wieder beim Herrn Jelonitsch drüben, das war, wie gesagt, der Kaufmann. Da hab ich mitansehen müssen, wie sie den alten Herrn abgeführt haben. Und da haben sie gsagt, für jeden erschossenen Russen werden zwanzig von unseren Männern, von den alten Leuten, hingrichtet. Wenn sich nicht innerhalb von drei Tagen die melden, die die Leute erschossen haben. Ich kann natürlich nicht sagen, haben sie sich gmeldet oder sind die erschossen worden, jedenfalls der alte Herr Jelonitsch nicht, der is dann wieder zurückkommen. Die toten Russen haben sie im Stadtpark eingegraben. Lang noch waren dort die Grabhügel, die sind dann erst wieder entfernt worden, wie die Russen abgezogen sind.

Na und dann sind wir schon ein bißl frecher gworden. Wir haben ja nix zum Zustellen ghabt, kein Radel hamma ghabt und nix. Einen jugoslawischen Lehrling hamma dann ghabt, Toni hat er gheißen, und da hamma gsagt, schauen wir, daß wir uns irgendwo Pferde beschaffen können. Am Ruckerlberg oben und auf der Waltendorfer Höhe, da waren Hunderte von Roß. Die sind dort frei herumgelaufen und haben dort sich selber das Futter gholt von den Wiesen, und da hamma halt glaubt, da werden wir uns halt ein Pferd holen. Da sind wir hinauf und hamma uns halt zwei schöne Roß ausgsucht, und vorn beim Schopferl hamma s’ gnommen, und da sind wir heruntermarschiert, hinten über die Wiesen herunter. Auf einmal, das war so eine Bodenwelle da oben, auf einmal steht eine russische Schützenkette vor uns auf, die Maschinenpistolen im Anschlag: „Stoi!“, also „Stehenbleiben!“ Und wir haben soviel Angst kriegt, haben die Roß ausglassen und sind grennt und grennt und grennt, was wir nur rennen haben können. Und wir haben nur ghört, wie sie hinter uns nachglacht haben, also war das vielleicht für sie nur ein Spaß.

Auf die Russen folgten die Engländer. Die meisten Menschen waren erleichtert.

Ein Heimkehrer, der hat bei uns auch ausgeführt, und dessen Frau war Köchin oben beim Hauptquartier von den Engländern. Die haben in der Hallerschloßstraße im Schloß ihr Hauptquartier ghabt. Es is ja heute noch das Regimentszeichen in dem Pfeiler drinnen. Und die war oben Köchin. Da sagt sie dann zu mir: „Du, Ernstl, wir schmeißen soviel Torten weg, da wird nur ghuraßt, komm einmal hinauf und hol dir eine.“ Na, und ich bin hinaufgangen, hat sie mir wollen eine geben, und ich hab s’ schon in der Hand ghabt, da hat dieser Küchenbulle das gesehn, hat mir s’ aus der Hand gnommen und hat gsagt: „Du wirst keine Torte essen.“ Und hat s’ auf den Boden gschmissen. Also er hat mir keine geben. Freundlich, im Unterschied zu den Russen, waren die Engländer net, das muß ich schon sagen.

Die Familie Mittermayer in Graz-Waltendorf.

Dank an die Eltern

1941: Im Alter von vier Jahren wird Friederike Astl bei einem Verkehrsunfall schwerst verletzt. Ein Wagen mit betrunkenen Soldaten der deutschen Wehrmacht erfaßt das Kind und schleudert es meterweit durch die Luft. Friederike Astl erleidet Kopfverletzungen – die Folge sind Lähmungserscheinungen und spätere Erblindung. Heute lebt Frau Astl in einem Pensionistenheim in Weiz. In ihrer Erinnerung an die Nachkriegszeit empfindet sie zuallererst Dankbarkeit gegenüber einigen Weizer Geschäftsleuten.

Friederike Astl
Weiz
Aus persönlichen Gründen kein Porträt

Die waren so lieb, und da kann ich in der heutigen Zeit auch dankbar sein. Die haben meinen Eltern geholfen, indem sie die Lebensmittelkarten nur so gehalten haben und pro forma heruntergeschnitten haben, daß wir sie wieder mit heimnehmen haben können.

Meine Mama hat halt alles getan, was nur gangen is – zu den Bauern arbeiten gegangen, und in der Ziegelfabrik hat sie gearbeitet. Wir haben noch Schürzen umgehabt, damit die Kleider, die wir gehabt haben, geschont geblieben sind. Aber natürlich, Kinder spielen, ich hab auch spielen können, mit meinem Fuß, obwohl ich dann erst wieder die Lähmung bekommen habe vom Unfall. Da bin ich dann ins Spital gekommen und bin punktiert worden, das war dann hier in Weiz. Hab ich Schmerzen gehabt, das war wahnsinnig! Den Kopfnerv hat's dann gehoben, diese Luftfüllung, und das war dann für mich ein Glück, daß wieder Leben in den Fuß gekommen is. Aber ich bin dann ausgeschult worden, weil ich nix lernen hab können durch meine Verletzung und mir nix merken hab können. Behindertenschule hat's schon gegeben, in Graz, Wien und so, aber meine Eltern hätten's nicht zahlen können. Blindenschule wäre auch nicht gegangen, es waren noch nicht diese Unterstützungen, die jetzt sind. Einerseits bin ich ja froh gwesen, hab ich mir

gedacht: „Herrgott, ich bin so dankbar“, einerseits, weil wieder lernen, wieder geschimpft werden, mehr wie lernen wollen kann ich nicht. Na ja, ich lebe trotzdem, obwohl ich keine Schulbildung hab.

Und meine Mama hat gekämpft, daß ich die Rente bekomm. Immer haben sie gsagt: „Der Vater lebt, und das soll genügen.“ – „Ja“, hat die Mama gsagt und der Vati, und meine Mama mehr noch, wie halt Frauen sind, die oft noch mehr kämpfen. Der Vati hat gsagt, wir werden sie schon erhalten. „Nein“, hat sie gsagt, „bei der einen Tür geh ich hinein, und wenn ich bei der andern rausgeschmissen werde, geh ich wieder bei der andern hinein. Ich geb nicht nach. Wenn wir beide nicht mehr sind“, was jetzt der Fall ist, „daß sie etwas hat, denn sie kann ja nix dafür, daß sie nicht lernen und arbeiten kann. Daß sie das Heim, ganz gleich, wo sie dann is, aber daß sie das zahlen kann.“

Und heute ist es soweit. Meine Mutter und mein Vater, sie haben so eine Gabe ghabt, meine Mutter vielleicht gleich noch mehr, wie eine Vorsehung, wie wenn sie vorausblicken konnte, was heute eintritt – „daß ich’s bezahlen kann, das Heim“. Und da bin ich Gott dankbar dafür.

Eine Reise nach Stockerau

Maria Gangl lebt heute gemeinsam mit ihrer Tochter und deren Familie in Pirka bei Graz. Den Tag der Kapitulation erlebte sie als 29jährige in Graz. Wie viele andere wurde sie von den russischen Besatzern zu Hilfsarbeiten verpflichtet.

Maria Gangl
Pirka bei Graz

Ich muß sagen, ich bin dort eigentlich gut behandelt worden. Die Mannschaft war ja nicht zum Fürchten, zum Fürchten waren nur die Offiziere. Da haben die zum Beispiel, was sie zusammentragen haben können aus Graz, von der Hutfabrik Pichler haben sie kistenweise Hüte gebracht. Auch Steirerhüte waren drunter. Und dann haben sie das alles, was sie halt von den verschiedenen Betrieben zusammengetragen haben, das haben s' dann in Kisten verpackt, und das is dann nach Rußland gegangen. Jetzt haben natürlich in der Kiste die Hüte nicht Platz ghabt, es war schon ein ganzer Berg. Sag ich: „Da hat nix mehr Platz“, is der Ruß raufgstiegen, hat das eingetreten wie Sauerkraut, und dann hat wieder mehr Platz ghabt. In einer anderen Kiste haben sie Schreibmaschinen drinnenghabt, Rechenmaschinen und so weiter. Bei einer Kiste waren zwei Zentimeter, die gfehlt hätten, daß sie sie zumachen hätten können. Is er glei einfach hergangen, hat niederdrückt, das hat alles gekracht, und er hat's zugmacht und weitergschickt.

Na, jedenfalls hab ich dort eine Bestätigung gekriegt, daß ich dort gearbeitet hab, und dann hab ich eben von meinem Mann einen Brief gekriegt, daß er in Stockerau is und daß die Wiener Frauen die Gefangenen besuchen. Jetzt hat sich noch eine junge Frau gefunden, die ich auch verständigt hab, die is mitgfahrn, so sind wir dann nach Wien gfahrn. In Bruck sind dann russische Soldaten mit Fremdarbeiterinnen

Nr. 89727

Nur im Inland gültig
Valid only in Austria
Valable en Autriche seulement
действительно
только внутри страны

IDENTITÄTSAUSWEIS
IDENTITY CARD
CARTE D'IDENTITÉ
Удостоверение личности

DIREKTION 17
GRAZ
KTION
G
KTION GRAZ
Unterschrift Под Inhabers
Signature rer
Signature laire
пись владелца.
1
OESTERREICHISCHE
STEMPELMARKE
1
SCHILLING

zugstiegen, also mit russischen Arbeiterinnen, die früher da gearbeitet haben. Jetzt haben die gsagt: „Dawai, dawai!“, außi, jetzt hab ich dort natürlich maulen angfangen, hab ich gsagt: „So, arbeiten darf ma für die Russen, aber wenn man einmal wo hinfahrt, muß man aussteigen.“ Da haben s' gsagt, wir zwei dürfen drinnenbleiben. Sind wir dann mitgfahrn bis Wien. Und in Wien dann hat uns eine Wirtin eine Wohnung zur Verfügung gestellt, wo die Leute geflüchtet waren. Dort haben wir übernachten können. Am nächsten Tag sind wir dann weiter über die Floridsdorfer Brücke, und die war gesprengt. Da sind die Bögen, da sind so große Bögen gwesen auf der Floridsdorfer Brücke, die sind im Wasser glegn. Und über diese Bögen, die da gehen, haben wir einzeln drübergehn können. Und unten war dann ein Steg, daß wir wieder den anderen Bogen benützen haben können. Und dann sind wir nach Stockerau, haben wir uns durchgefragt bis zum Lager. Beim Lager dann is ein Russe herauskommen, hat gfragt, was wir wollen. Ja, hamma gsagt, ob der und der Mann drinnen is, wir möchten gern Pakete abgeben. Dann is er nach einer Zeit wiederkommen, sagt er, ja, wir können die Pakete abgeben, die Männer sind da. Jetzt hamma halt die Pakete abgegeben, und dann sind wir halt dort gsessn im Straßengraben und haben gwartet, ob wir sie vielleicht sprechen könnten. Dann bin ich den Zaun entlanggegangen, dann sagt ein deutscher Gefangener: „Gehen Sie vom Zaun weg“, sagt er, „der Posten da oben schaut schon, der fangt zum Schießen an.“ Wie wir den zweiten Tag dann umsonst dort gsessen sind, sind wir zurückgfahrn.

Während wir dort gsessen sind vorm Gefangenenlager, sind die ja schon wieder unterwegs gwesen nach Rumänien. Also die Russen dort haben uns nicht die Wahrheit gsagt. Und zwar hab ich, wie gsagt, einen Brief gekriegt ghabt von ihm, und da is rückwärts eine Adresse oben gewesen von einer Wiener Frau. Und dann bin ich eben hingfahrn zu dieser Frau, und dann hab ich gfragt, wie sie zu dem Brief gekommen is, weil sie hat ihn ja frankiert und aufgegeben. Ja, hat sie gsagt, sie is unterwegs gwesen, da is ihr die ganze Kolonne untergekommen von den Soldaten, die zum Zug marschiert sind, und da hat sie halt von den einzelnen Gefangenen die Briefe genommen, hat s' frankiert und abgschickt.

Das Schicksal und die Klavierstunde

Theresia Michelitsch ist heute pensionierte Kindergärtnerin. Gemeinsam mit ihrem Mann lebt sie in Graz. Ihr besonderes Interesse gilt der Ahnenforschung. Theresia Michelitsch gehört, wie z. B. auch Andreas Hofer, der ältesten österreichischen Gebirgsrasse, den „Dinaren", an. Während der NS-Zeit war sie deshalb davon bedroht, in eines der von Himmler eingerichteten „Lebensborn"-Heime zu kommen; zur Ausbildung und „Aufzucht". Ein couragierter Lehrer hat das verhindert. Das Kriegsende erlebte Theresia Michelitsch als 16jährige in Schwanberg und Graz, wo sie zur Schule ging. Sie erinnert sich an einen der schwersten Bombenangriffe auf Graz.

Theresia Michelitsch
Graz

Da sind wir dann zum Bahnhof gegangen und wollten heimfahren. Wir waren ja Zugsschülerinnen und wollten heimfahren. Plötzlich Alarm, und wir sind dann dort hineingegangen in den Luftschutzkeller am Hauptbahnhof. Wunderschön alles eingerichtet. Dort sind wir halt eine Zeitlang gesessen, und inzwischen war Zwischenentwarnung. Das war so, die Flieger sind zuerst drübergeflogen und haben ausgekundschaftet, und hinterher sind dann die Bomber gekommen. In der Zwischenzeit war Entwarnung, wir durften normal nicht aus dem Keller raus, aber wie – was weiß ich, wie das war – plötzlich bin ich aufgesprungen, und meine Kolleginnen sind auch aufgesprungen. „Wo gehst du hin?" – Hab ich gsagt: „Ich geh da raus." Und die sind mit mir mit dann, da sind wir durch die Keplerstraße gelaufen zum Stollen hin, zum Schloßbergstollen. Wir waren kaum drinnen, kracht's schon, und es hat sehr lange gedauert, bis das dann eben zu Ende war. Bis wir rausdurften, war's schon stockfinster, und dann wollt ma heimfahren. Da sind wir zum Bahnhof, und wir haben keinen Bahnhof gefunden. Es war alles zerbombt und es war alles kaputt. Wie kommen wir heim? Stockfinster, und wir wollen heimfahren. Dann hamma doch einen Eisenbahner getroffen, und der hat dann gsagt: „Ja, gehts zum Köflacherbahnhof, vielleicht habts da einen Anschluß, vielleicht könnts noch heimfahren." Und so war es auch. Wir sind dann heimgfahrn, sind sehr spät heimgekommen.

Wir haben nachher erfahren, daß am Bahnhof der Luftschutzkeller, wo wir drinnen waren, total zerbombt war. Da war ein Hauptwasserrohr, und das ist geplatzt, und die, die drinnen waren in dem Luftschutzkeller, waren alle tot, sind alle ertrunken.

Die Haushaltungsschule, die Theresia besuchte, wurde geschlossen. Sie kam nach Ettendorf bei Stainz, um ihr Pflichtjahr zu absolvieren. Als die Situation vor Ostern immer bedrohlicher wurde, durfte sie nach Hause. Bald darauf war der Krieg zu Ende.

Jetzt hat der Rückzug begonnen. Zuerst sind die deutschen Soldaten gekommen, direkt bei unserem Haus sind die Kolonnen vorbeigezogen. Die haben um Brot gebettelt und so, meine Mutter hat natürlich dann, was sie gehabt hat, auch gegeben. Da hab ich sogar ein schwarzes Pferd geschenkt bekommen dafür. Es war allerdings krank, aber es hat noch einige Jahre gelebt. Dann sind Bulgaren gekommen, und das war schon ein bißl kritisch. Sie haben die Gärten gestürmt und haben Zwiebeln herausgerissen und haben sie gleich roh verschlungen, das war wohl für uns ein bißl ungewöhnlich. Dann haben sie dort gelagert mit ihren Pferden und mit ihren Wagen. Ich mußt mich dann dauernd verstecken und immer am Dachboden oben den ganzen Tag, es war schon heiß damals, das war schon zum Sommer hin, Juni. Am Abend bin ich dann doch einmal raus und hab frische Luft gholt, und da wurd ich beobachtet. Von dort an war keine Ruh mehr. Sie sind täglich gekommen und haben nach mir gesucht. Ich wurde immer gewarnt, wir haben Umquartierte im Haus ghabt, und die haben immer gesagt, wenn sie gekommen sind. Entweder bin ich bei dem Fenster raus oder beim andern, aber meistens mußt ich oben hocken am Dachboden. Und da is es halt einmal passiert, nach einigen Wochen schon, is gutgegangen alles, am Abend hab ich gschlafen, war ich schon im Bett, und plötzlich hör ich draußen ein

Die Villa „Petschnig".

Theresia Michelitsch
mit ihrem Bruder ca. 1944.

Stimmengewirr, meine Schlafzimmertür geht auf, und ich seh so Stiefel – mir is fast der Verstand stehengeblieben! Und jetzt erkenn ich diesen Bulgaren, der täglich gekommen is. Und da hab ich panische Angst kriegt. Er is immer näher hingekommen, und ich hab angfangen laut zu beten. Eine Weile is er gstanden am Bett, hat mich beobachtet, und dann hat er mir über die Haar gstreichelt und is fortgegangen.

Die Russen kamen ganz leise nach Schwanberg ...

Ich wollte grad Klavierstunde gehen in den Markt hinauf, und mir is nur aufgefallen, daß alle Straßen, alle Gassen, alles leer war. Denk ich mir, komisch, kein Mensch auf der Straße. Ich geh dann rein ins Klavierzimmer und wart auf die Klavierlehrerin, plötzlich klopft jemand ans Fenster. Denk ich mir, die Uniform hab ich auch noch nie gsehn – jetzt waren's die Russen. Die sind dann hereingestürmt, und wir mußten den Russen vorspielen. Meine Klavierlehrerin mußte ganz schwere Stücke spielen, und dann haben sie verlangt, wir müssen beide spielen. Mir is nur aufgefallen, es waren Offiziere. An der Uniform hab ich gmerkt, daß es keine einfachen Soldaten waren und daß sie sehr musikalisch waren. Die haben sich hingstellt, ich kann mich erinnern, und da hat er dirigiert, und wir haben gespielt, und ich hab einmal danebengriffen in meiner Aufregung, hat er mir schon auf die Schulter geklopft, also sie waren sehr musikalisch. Später hab ich erfahren, daß sie dort das Haus ausgräumt haben, das haben sie schon gmacht, aber wir persönlich haben wenig Schaden von den Russen erlitten; ich glaub, sie sind dann auch bald wieder weg.

Das offene Haus

Das Haus der Familie Hajek in Weiz war immer ein offenes. Vor und nach Kriegsende fanden Frauen mit ihren Kindern aus der ganzen Umgebung Schutz. Das kleine Häuschen beherbergte Österreicher, Deutsche, Ungarn, Jugoslawen und Russen. Noch heute lebt Erika Künsberg, geborene Hajek, gemeinsam mit ihrem Mann in Leska bei Weiz. Sie erinnert sich liebevoll an ihren Vater.

Erika Künsberg
Leska bei Weiz

„Bringen Sie mir einen Russen, aber einen anständigen Russen. Schaun Sie, ich hab das Haus voll Frauen und Kinder, ich weiß mir sonst keinen Rat mehr." Und da kommt dann der Bujanic und sagt: „Herr Hajek, ich habe einen Russen, aber das sind gleich drei. Wenn Sie die nehmen, er allein kann nicht kommen, wollen Sie die drei?" Der Papa hat gsagt: „O ja, wir rücken zusammen, wir machen Platz, es sollen die drei Russen kommen." Der Chef, das war der Oberststabsarzt, und der hat seinen Unterarzt und seinen Chauffeur mitgebracht. Aber das waren ganz prima Menschen. Der Oberststabsarzt war so ein feiner Kerl, wirklich ein feiner Mann. Der hat gesagt: „Herr Hajek", wie wir ein bißchen näher bekannt geworden sind, „ich muß nach Graz, kann ich für Sie in Graz etwas erledigen?" So ein Verhältnis haben wir mit ihm gehabt. Und der Papa hat gesagt: „Ja, wenn Sie bei mir in der Schmiedgasse, im Blumengeschäft, oder im Florasalon nachschauen können. Da hab ich Leute drinnen, und wir hören nichts, weil ich kann nicht weg von da, daß wir wissen, was in Graz los is." Na, und der is wirklich hinein und is am Abend dann heimgekommen, sagt er: „Herr Hajek, heute hab ich das schönste Erlebnis gehabt. Ich bin in die Schmiedgasse gekommen, war eine alte Dame drinnen, und die hat sich furchtbar geschreckt vor mir. Ich hab aber nur gesagt: ‚Ich komm vom Herrn Hajek!' Da is sie mir um

den Hals gefallen und hat mir ein Busserl gegeben. Das erste Busserl, das ich in Österreich bekommen hab!"

Einmal kommt der Chauffeur zu mir und sagt: „Junge Frau, du mitkommen mit mir." Und der Papa hat eine furchtbare Angst ghabt. Hab ich gsagt: „Papa, brauchst dich nicht fürchten, das sind so nette Menschen, ich fürcht mich nicht." Dann kommt er und nimmt mich mit, und dann hat er mir oben vor dem Haus einen wunderschönen Tatra gezeigt. „Junge Frau, Wagen gehört dir, Auto gehört dir, schenk dir Auto." Jetzt sag ich: „Um Gottes willen, das kann ich doch nicht annehmen, wo nehmen Sie das Auto her?" Sagt der: „Komme von Birkfeld heraus." Und ich hab dann nachher gehört, daß der dem Arzt in Birkfeld gehört hat. Ich glaub, die Nationalsozialisten haben den Arzt erschossen. Warum, weiß ich nicht. Ich hab's nur dann bestätigt gewußt, wie ich einmal drinnen war in Birkfeld, und da hab ich gsagt: „Ich hab ein Auto bekommen, das soll dem Arzt von Birkfeld gehört haben." – „Ja, ja, das hat dem Dr. ..." Ich glaub, Teuschl oder wie er gheißn hat. Und mir hat der das Auto geschenkt! Ich hab's natürlich gleich unserer Gendarmerie in Weiz gemeldet, aber da hat sich niemand gerührt, keiner ist gekommen, um den Wagen abzuholen. Ich bin jeden Tag zum Auto schaun gegangen, aber es hat halt immer ein Trumm nach dem anderen gefehlt. Sie haben's ausgebeindelt – unsere Leute.

Am Abend sind wir immer beisammengesessen. Meinem Vater ist etwas passiert – und zwar hat er gsagt: „Herr Oberststabsarzt, darf ich Ihnen ein Glas Wein anbieten?" Und der hat gsagt: „O ja, Herr Hajek, ich trinke gerne ein Glas Wein mit Ihnen." Na, und da bringt der Papa halt eine Flasche Wein und schenkt ein. Und hat ein Glas genommen, ganz ein altes Glas, wo draufsteht „In viribus unitis", der Kaiser Wilhelm und der Kaiser Franz Joseph. Und der Oberst nimmt das Glas, sagt er: „Herr Hajek, ich trinke gern ein Glas Wein, aber nicht aus diesem Glas!"

Kreuz, Himmel, Herrgott, Sakrament

Rupert Hochegger hat im Laufe seines Lebens drei Berufe erlernt. Er war Zimmermann, Kraftfahrer und schließlich Müller. Seine Mühle in Schierning hat er vor einigen Jahren aufgegeben. Heute betreibt er eine kleine Landwirtschaft.
Ende April 1945 empfand der 18jährige Soldat Rupert Hochegger die Lage der deutschen Wehrmacht in Italien als so hoffnungslos, daß er beschloß, zu desertieren. Nach abenteuerlichen Wochen der Flucht verbrachte er die Tage vor der Kapitulation gemeinsam mit einem Kameraden in einem Brunnen bei St. Oswald ob Plankenwarth.

Rupert Hochegger
Schierning, Gratwein

Dann hat's gheißn, der Krieg is aus, dann samma rauf, es kommen schon die Russen. Samma rauf nach Oswald, das war net weit weg, ungefähr zehn, fünfzehn Minuten. Und wie wir raufkommen, sind die Russen daherkommen und die SS oben in Oswald. Da is die Trafik gwesen, Haas hat sie gheißn, die Trafikantin. Wir haben aber gsehn, daß die SS schon im Anschlag den Russen entgegenkommt. Hamma die, der Kokoschinek und ich, haben die SS entwaffnet oben in Oswald, haben die Waffen lassen niederlegen. Die sind nachher wieder Richtung Bartholomä abghaut, die SS, und die Russen sind über Plankenwarth und Schierning reinkommen im Galopp. Oswald hätten die niedergschossn, daß nix wär überblieben. Hat eigentlich kaner was gred drüber, heut hörst nix von dem ganzen.

Dann sind halt die Russen dagwesen, dann war das Elend, haben sie in Plankenwarth einen umbracht, einen Weißrussen, haben sie alle zsammgfangen, die Jüngeren. Natürlich haben sie mich auch wollen holen. Beim Brunnen oben, Mixner heißt das, kommt der alte Birnstingl, sagt er: „Bertl, geh schnell, geh schnell, die suchen alle zsamm, die daschießn alle." Sag i: „Du, bin i schon gwohnt, das Daschießn, halb so

Wir füllen die Lücken auf!
Über 11.000 Hitler-Jungen werden in Steiermark zur Entlastung der Bauern eingesetzt. Dieser Einsatz bedeutet die bisher größte Aktion dieser Art. Mit dieser Groß-Erntehilfe beginnt der vom Reichsjugendführer angekündigte Kampfeinsatz der HJ. Wir werden unser Bestes tun, um den durch den Krieg bedingten Ausfall an Bauernkräften wettzumachen. So kämpfen wir auf unsere Art in diesem Kriege mit
Der Führer braucht uns alle!
Wir sind bereit!
Hitler-Jugend an die Front!

Die Kette ist zerissen,
Der Grenzpfahl ist entzwei,
Ein Volk hat heimgefunden
Und Österreich ist frei.

schlimm.“ I hab sowieso immer zwischen die Füß a Eierhandgranate drin ghabt, die hab i immer bei mir ghabt. Hab i mir gedacht, bevor sie mich daschießn, zieh i die ab, wär i weggwesen. Lieber selber, als wie – wenns d' eh schon so viel mitgmacht hast.

So, natürlich hab i dort Gras abgmäht, hab die Sensn in der Hand ghabt, jetzt hab i halt immer gmaht. Wenn der hat wolln herkommen, hab i mich immer draht im Runden, hat er sich net hertraut. Dann is er fort, der eine, der mich hat wolln mitnehmen, dann bin i heim obi, dort waren zwölf oder dreizehn drin in der Küche. Dann hat er immer gsagt: „Papiero, Papiero!“, so halb deutsch, und i hab eh gwußt, was er will, der wollt unbedingt mein Soldbüchl haben. Natürlich, ich hab's nie verstanden. Ich hab halt gsagt „Zigarettenpapier“, zu der Frau gsagt, sie soll umageben, dann „Zeitungspapier“, hab i gsagt, die san nix anders gwohnt wie Zeitungspapier, war i schon frech, zornig. Dann „Papiero!“ und hat zeigt schreiben. Hab i gsagt, was „Scheiß Papiero! Nix Papiero!“ und hab mir gedacht, da flücht i raus, die übersehn das, übern Tisch drüber, i bin draußn, dann hab i mir's doch noch überlegt. Dann is a Wetter kommen, blitzt und kracht hat's, und auf einmal rennt einer eina bei der Tür und macht's Kreuz. Und die herinnen auch. Wie's recht gwettert hat, haben die Russen sich so gfürcht, haben immerfort Kreuz gmacht. I hab nachher gsagt: „Kreuz, Himmel, Herrgott, Sakrament!“, hab i gsagt, „sonst große Goschn und da Kreuz machen! Da Teufl holt euch!“ und hab gschimpft mit denen, richtig platzt halt. Nachher hab i gsehn, daß draußen einer is, hätt i Pech ghabt, wenn i raus wär, brennt der mi übern Haufn, wär i weg gwesn.

Der lange Weg nach Hause

Der Elektromechanikermeister Franz Schopper ist Träger des Österreichischen Sportabzeichens in Gold. Er springt noch heute, im Alter von 68 Jahren, über einen Stock, den er selbst in der Hand hält.
Für den 18jährigen endete der Zweite Weltkrieg am 2. Mai um 10 Uhr vormittags. Am Gardasee wurde ihm die Kapitulation verkündet. Am selben Tag wurde er durch eine aus Spaß nach der Kapitulation abgeschossene amerikanische Granate verwundet. Er kam ins Lazarett und damit durch die Frontlinie. Er beschloß zu flüchten. Zu Fuß und mit Halskrause kam er bis ins Defreggental.

Franz Schopper
Dörfla bei Graz

I war a junger Bursch und war a bißl verfressen und bin mit meinen Lebensmitteln net auskommen. Und zwei Kameraden, der eine war, glaub ich, sogar von der SS, die auch abghaut sind, die haben halt schön hausghalten. Und wir sind ja über Berg und Berg gangen, und auf einmal hab ich nix mehr zum Essen für die nächsten Tag. Und die sagen: „Da nemma dich net mit, wenns d' uns verhungerst, weil zum Füttern hamma nix." Also muß ich noch auf d' Nacht, um acht, Essen besorgen von dort, wo wir glegen sind. Und das war in der Nähe von einem Bacherl, und ich wollt über die Brücke, das is net gangen, ich wollt unter der Brücke durch, das is auch net gangen, weil da ein Posten gstanden is. Jetzt bin i bachabwärts und hab mir einen recht hohen Baum gsucht und auf den – i hab aber einen Tornister mitghabt –, auf den bin i raufklettert, hab den Tornister über das Bacherl rübergschmissn und selber mit dem Wipfel ein bißl gschaukelt, daß ma dann springen kann. Der Baum hat zuwenig gschleudert, i bin zu kurz gsprungen und bis daher im Wasser gsteckt. Jetzt war ich pitschnaß, kalt war's auch. Jetzt bin i zu einem Bauern hingangen und hab das dem gschildert, und der hat mir was zum Essen geben und hat mich bügeln lassen die ganze

Nacht. Und wir haben uns ausgmacht, daß wir uns um sechs in der Früh irgendwo auf der Höh oben treffen. Ich komm um sieben. Ich hab's net gschafft. Na, geh ich deren Spur nach, die haben mir noch gezeichnet im Schnee, und auf einmal is ein Lawinenabgang gwesen und von deren Spuren war nix mehr. I bin weitermarschiert, über diesen Fleck drüber – hinten waren keine Spuren, i hab länger gsucht – talab bin i net, der Lawine nach, i bin weitergangen und bin einen Tag gangen, und dann hab i a andere Gruppe troffen, die von unten raufkommen is. Und die haben mir dann erzählt, daß die Lawine drei, vier Leut runtergrissen hat.

Zu Pfingsten 1945 kam Franz Schopper nach Judenburg. An einem nahegelegenen See hatte er sich mit einem Mädchen verabredet.

Und die war net da. Die war net da! Und meine Motivation, heimzukommen, war damit halb gstorben. Weil wir haben uns ausgmacht, wenn in der Steiermark die Russen san, das hat man alles schon ein bißl gwußt, dann treffen wir uns dort. Sie war ein 17jähriges Mädel, ich war ein 18jähriger Bursch, und die war nicht da. Den Onkel hab ich getroffen, und der hat gsagt: „Na, die san unten in Judenburg, in St. Michael, da mußt runtergehn." Und ich geh bis Judenburg und studier, wie ich an die Russengrenz überhaupt kommen soll – ohne Ausweis, nur mit mein Soldbuch und mit meiner Militäruniform. Hab i net recht gwußt, was i tun soll, zwei Sekunden überlegt, zwei Tommy dagstanden, haben mich verhaft.

Zurück Richtung Süden. Im kärntnerischen Friesach läßt sich Franz, gemeinsam mit anderen Österreichern, von den Engländern als Fahrer engagieren. Die Engländer waren auf den für sie ungewohnt kurvigen Straßen reihenweise mit ihren Dodges verunglückt.

Und da hab i in Judenburg den Kommandanten von dem dortigen Militärlager kennenglernt. Weil wir ja Lebensmittel gebracht haben und ab und zu was mitruntergnommen haben. Und dem hab i einmal erzählt, daß i net dableiben will, daß mei Mutter in Niklasdorf is, also da in der Russenzone, und die, wie ich mei Mutter kenn, ja längst abghaut is. Weil

Judenburg

Bescheinigung.

Von obenangeführter Dienststelle wird bescheinigt, daß der (die) Nebenabgebildete mit dem (der)

am 18. 2. 27.

in Ohlstädt b. Garmisch geboren u.

in Sk. Michael, ?Lisingthalstr; 60

wohnhaften

S c h o p p e r Franz

wesensgleich ist.

Gültigkeit bis 15. Oktober 1945

Fohnsdorf, den 10. 6. 45.

Der Kommandant:

Ortsschutzpolizei Komitee „Freies Österreich“ (Linkes Murufer)

Der Sicherheitskommissar:

Eigenhändige Unterschrift

die bleibt ja net bei den Russen, sie hat sieben Pferde ghabt, die laßt sie sich ja net wegnehmen. Höchstwahrscheinlich is sie in München. Na, hat er mir einen Passierschein gschrieben, von Judenburg nach München. Einfach einen englischen Passierschein, den hab i heut noch, von Judenburg nach München. Dann hab i mit einer Partei von Judenburg gredt, hart an der Demarkationslinie, hab i gsagt: „Wie komm i da zu einem Ausweis von den Russen?“ Sagt sie: „Am besten als Arbeiter.“ Und i hab a bißl Schlitzaugen, und i hab breite Backenknochen, und da hab i so studiert, wenn i mir ein Kapperl aufsetzert und eine Montur anzieh, dann könnt i ja so ein bißl einen Kommunisten spielen. Und hab mir tatsächlich eine Schlossermontur auftrieben und hab mir einen Mittelscheitel kampelt und bin ummi, hab gsagt: „I hab an Passierschein nach München, i muß durch die russische Zone durch, i brauch an russischen

Ausweis.“ Und ich hab von der kommunistischen Partei in Judenburg tatsächlich an Ausweis kriegt.

Franz Schopper machte sich auf nach München.

In Pasing war unser Treffpunkt. Und i hab die Straßn net mehr gfunden. Also, wir haben schon vorher ausgmacht, wenn meine Mutter nach München flüchtet – das hab ich inzwischen längst erfahren, daß sie gflüchtet is –, dann treffen wir uns in Pasing. Und i hab die Straßn net mehr gfunden. I hab den Feuermelder net mehr gsehn, München war total zerbombt, ka Straßenbahn is gangen, ka nix, alles zu Fuß, höchstens amal a bißl wo aufgsessn, und i bin dort am Nachmittag in dem Pasing herumgstrolcht, i weiß, i war in der richtigen Siedlung, aber i hab die Straßn net gfunden. Und es is schon dunkel gwordn, und i hab schon studiert, in die Stadt zurückzgehn, weil i muß ja irgendwo schaun, daß i in einer Ruine übernachten kann oder irgendwas tu. Und Sie werden’s net glauben – i seh auf einmal mein Fahrrad da fahren. Mein Fahrrad! Sitzt so ein Bursch oben und fahrt mein Fahrrad! Und das waren drei Sätz, und i war vor dem Fahrrad und hab das Fahrrad in der Hand, und dann schau i recht dumm, sitzt da so a komisch anzogener Bursch oben, es war mein eigener Bruder.

Das neue Leben

Mit 24 Jahren war Johann Kern Facharbeiter bei den Grazer Puchwerken. Im Werk Thondorf, eigens für die Rüstungsproduktion errichtet, wurden Panzergetriebe und Flugzeugmotorenteile erzeugt. Gegen Ende des Krieges war das Werk natürlich bevorzugtes Ziel der alliierten Luftangriffe auf Graz. Teile der Produktion wurden deshalb in Höhlen nach Peggau und Aflenz bei Leibnitz und in den Keller der Brauerei Reininghaus verlagert. Dort war auch Ing. Johann Kern beschäftigt.

Johann Kern
Graz

Die Materialanlieferung war sehr schleppend, es waren ja große Mängel an Rohstoffen. Sind ja, wie bekannt, auch Glocken eingschmolzen worden, also man hat auf jeden Materialbestand zurückgegriffen, um die Produktion weiterhin aufrechterhalten zu können. Im Bereich Reininghaus war die Situation dann während der Angriffe so, daß vielfach unsere Produkte auf Waggons verladen wurden und am Bahnhof dann auf eine Lokomotive gewartet haben, die ja auch net immer greifbar war, um den Zug abzuschleppen, aber in der Zwischenzeit hat ein Angriff wieder diese ganze Arbeit zunichte gemacht.

Wir sind im Werk dem Volkssturm unterstellt worden und hatten fallweise Übungen. In den Werkspausen oder an den wenigen Sonntagen, wo nicht gearbeitet wurde. Wir haben damals keine Waffen mehr gehabt, aber die Übungen mußten, irgendeinem Auftrag zufolge, stattfinden, so daß wir nur die Gewehre auf einen Sandsack legen konnten und eine Zielscheibe anvisierten. Das is dann begutachtet worden, ob wir in das Ziel getroffen hätten oder ob's ein Fehltreffer gewesen wäre. Patronen hat's nicht mehr gegeben. Der Ursprung der Gewehre, wurde uns gsagt, is noch aus dem 34er Jahr aus den Beständen des Schutzbundes gewesen.

Nach Kriegsende wurde den russischen Besatzern angeboten, die Betriebsstätte Reininghaus zur zivilen Produktion zu nutzen. Die Russen lehnten ab und ließen den Keller räumen.

Nach der Räumung sind wir in das Stammwerk in der Puchstraße, das vor dem Krieg schon ein Werk mit der Produktion von Fahrrädern und Motorrädern war, zurück. Dort sind noch einigermaßen einfache Maschinen gewesen, und wir haben dort den Aufbau versucht für die Produktion von Fahrrädern, und das ist uns nach einiger Zeit auch gelungen. Wir konnten also Fahrräder liefern. Daran waren auch die Russen interessiert. Die Fahrräder sind im Tausch an verschiedene landwirtschaftliche Betriebe gegangen, die uns dafür Lebensmittel geliefert haben. Im Fall der Russen haben die einmal aus ihren Beständen eine Kuh gebracht, und es hat dann im Werk eine Suppe gegeben, also es war eine ganz feierliche Stimmung, daß es einmal eine ordentliche Rindsuppe gegeben hat, die an die Arbeiter ausgegeben werden konnte.

Im Werk Thondorf, das war das Werk, das nur für Kriegszwecke errichtet wurde und das durch Bombardierungen schwer beschädigt war, sind dann, nach der kurzen Besatzungszeit durch die Russen, die Engländer eingezogen. Die haben dort ihre Fahrzeuge, das waren riesige amerikanische Diesel, die sogenannten „Mac Diesel", repariert. In dem Bereich sind auch Österreicher beschäftigt worden. Für Werksangehörige der ehemaligen Puch-Werke war normalerweise der Zutritt verboten. Wir haben dann später die Bewilligung erhalten, aus den Büros unten Unterlagen, die wir für den Aufbau der Produktion verwenden konnten, und auch einfache Werkzeuge heraufzubringen in das alte Stammwerk.

Die Produktion wurde wiederaufgenommen. Das Kriegsende brachte einen neuen Anfang.

Das Kriegsende war ja für uns gleichzeitig der Beginn eines neuen Lebens. Die Freiheit von Angst, vor politischem Terror und politischer Verfolgung, der ja in den letzten Tagen noch Landsleute von uns zum Opfer gefallen sind. Da is a ganze Gruppe von Männern und Frauen am

Felieferhof noch erschossen worden. Unsere Aufgabe für die Zukunft war klar – der Wiederaufbau eines von den Alliierten zugesicherten freien Österreichs! Und für unsere Mitleidenden, die aus allen Teilen Europas gekommen sind, war es gleichzeitig die Möglichkeit, wieder in ihre Heimat, auf welchem Weg auch immer, zurückzukehren und dort ihr Leben fortzusetzen.

8,8-cm-Flak in Graz.

Der zerbombte Hauptbahnhof in Graz.

Bomben, Haß und Liebe

Ludmilla Oliva ist Seniorchefin einer Gärtnerei in Feldkirchen bei Graz. Gemeinsam mit ihrem zweiten Mann hat sie nach dem Krieg den Betrieb aufgebaut.
Zu Kriegsende kämpfte sie, wie viele andere Frauen, ums Überleben – auf einem Bauernhof in Graz-Straßgang.

Ludmilla Oliva
Feldkirchen bei Graz

Wie der große Angriff war, wie der Hauptbahnhof zerstört worden is, und draußen war die Jägerkaserne, herunter St. Martin, und das Eck war so gefährdet. Hinter unserm Stall sind sieben Bomben gfallen. Das Vieh war so unruhig, wir waren im Keller, eine Schwägerin auch mit ihrem Kleinkind, „da“, hamma immer gsagt, „is unser Schutzengerl“. Samma alle auf einem Haufn zsammghockt, aufeinandergelegen und der Bekannte über uns, drüber eine große Decke noch, und hamma gebetet. Und die Bomben sind gflogen. Die Fenster waren alle hin und die Ziegel, und das Vieh hat gebrüllt. Und alles schwarz vor Staub und Dreck.

Sind Tiefflieger gflogen, und da haben sie einen abgschossen. Da waren drei Amerikaner drinnen. Und einer is gleich ober der Bahnübersetzung niedergschossen worden. Wir waren an der Packerstraße, und dann is die Bahnübersetzung, die Köflacher Bahn, und dort sind sie mit den Fallschirmen gelandet. Die Straßganger Bauern, die waren ja so radikale, das waren lauter feste Nazi alle, und dann sind sie mit Gabeln und Sensen und allem möglichen Werkzeug hinauf. Die haben sich niederkniet und haben gebetet und Fotografie gezeigt: „Frau und Kinder zu Hause, laßt uns leben, wir tun dir nichts mehr!“ Die haben alle erschlagen.

Der Krieg war zu Ende. Die Russen kamen. Ihre Eltern mußten ihr Haus in Berndorf verlassen. Sie hatten das einzige Hausbad im Ort. Bei den Nachbarn fanden sie Unterschlupf. Ludmilla Oliva verließ aus Angst vor den Russen ihren Hof, sie war ständig auf der Flucht.

Zu Hause bei meinem Elternhaus haben sie eine Fotografie gefunden von meiner Schwester, die war noch nicht verheiratet. War eine hübsche Fotografie, ich hab sie sogar da. Und jetzt haben sie die Schwester gsucht. Und ein guter Nachbar, ein falscher Kerl, hat's gsagt, wo sie is, wo sie zu finden is. Über Umwege hat sie's dann erfahren, daß sie gesucht wird. Dann haben sie versprochen, es geschieht ihr nichts. Sie is dann heim und hat sich so ein bißl verkleidet, fast wie ein halber Bua. Gschlafen hat sie bei den Eltern beim Nachbarn. Essen hat sie dürfen, und arbeiten hat sie auch dürfen daheim. Dann hat der Vater in der Nacht wahrgnommen, daß es so unruhig is. Die Pferde und alles war unruhig im Hof, das war ja nicht weit von zu Hause. Dann is der Major kommen und klopft an bei dem Haus, wo sie gschlafen haben, beim Nachbarn. Die, Resi hat sie gheißn, die Resi muß herauskommen, sie muß kommen. Jetzt haben die Eltern soviel Angst ghabt, daß sie s' net mitnehmen zum Schluß. Dann is er mit ihr gegangen und hat gsagt: „Du einziges Mädchen im Dorf, die anständig ist. Geh mit mir, du wirst es gut haben, geh mit mir, ich hab dich lieb." Und sie hat gsagt nein, das kann sie nicht machen, nach Rußland mit, von daheim weg. Sie kann die Eltern nicht verlassen. Und die haben zittert drinnen im Haus, was los is. Dann hat er ihr – einen Kuß hat sie ihm müssen geben – viel Glück gewünscht und hat sie verlassen. Und in dieser Nacht sind sie ausgezogen von zu Hause.

Verkehrspolizist am Hauptplatz in Graz 1945.

Nachwort

Die Reaktionen auf unseren Aufruf im Jänner haben unsere Erwartungen übertroffen. In kürzester Zeit meldeten sich 180 Zeitzeugen. Da aber im Buch nur Platz für 50 „Erinnerungen" war, blieb es uns nicht erspart, eine Auswahl zu treffen. Es sollten Menschen aus allen Berufsständen und der ganzen Steiermark zu Wort kommen. Alle Schicksale, die wir nicht berücksichtigen konnten, wurden sorgfältig ausgearbeitet und archiviert. Wir möchten uns daher an dieser Stelle herzlich bei all jenen bedanken, die unsere Arbeit unterstützt haben, die wir aber aus dem angeführten Grund nicht berücksichtigen konnten. Schon bei den ersten Besuchen ist uns bewußt geworden, wie wichtig es auch noch nach 50 Jahren für die Zeitzeugen ist, über die Erlebnisse jener Zeit zu sprechen. Für viele war es überhaupt das erste Mal, daß sie ihre persönlichen Erlebnisse fremden Menschen anvertraut haben – vor allem Frauen haben sich gescheut, über das heikle Thema „Vergewaltigung" zu sprechen, und haben so 50 Jahre geschwiegen und die schwere Last allein getragen. Nicht zu vergessen die Soldaten, die nach langjährigem Kriegseinsatz von einem Tag auf den anderen in ein ziviles Leben zurückgekehrt sind, und auch jene Generation, für die mit dem Kriegsende eine Vorstellungswelt zusammengebrochen ist.
In diesem Sinne war es für viele Zeitzeugen auch ein Stück Vergangenheitsbewältigung. Vielen ist es auch ein großes Anliegen, ihre Erinnerungen den nächsten Generationen mitzuteilen und auf diesem Weg bewußt zu machen, wie grausam Krieg wirklich ist.
Für uns war es sehr bewegend, über die Ereignisse jener Zeit aus dem Mund der Betroffenen zu hören. Dadurch hat sich unser Bild über die Kriegszeit mit jedem Schicksal erweitert.

Lisa Feischl
Brigitte Hirner
Dorothea Kurteu
Barbara Zerlacher

STADT-THEATER

P·A·C

Bildnachweis

Umschlagbild: Steiermärkisches Landesarchiv, Graz.
Steiermärkisches Landesmuseum Joanneum, Graz, Abt. Bild- und Tonarchiv:
S. 32, 34/35, 51, 52/53, 59, 69, 72, 76/77, 81, 103, 114/115, 136/137, 160, 161, 165, 168/169, 170/171, 172/173, 175.
Univ.-Prof. Dr. Stefan Karner: 23, 37, 62, 67, 85, 98, 124, 126, 148/149, 152 (oben).
Karte Seite 19 aus: Manfried Rauchensteiner, Der Krieg in Österreich 1945, Sonderauflage 1995.
Archiv Verlag Styria: 43.
Landesstelle für Bild- und Tondokumentation, Graz: 48/49.
Foto Schneider, Graz: 93.
Angelika Gradwohl, Graz: 96, 100.
Harry Stuhlhofer, Graz: 102.
Alle übrigen Abbildungen und Dokumente aus dem Privatbesitz der Zeitzeugen.

Ludwig Boltzmann

INSTITUT FÜR KRIEGSFOLGEN-FORSCHUNG

Leiter: ao. Univ.-Prof. Dr. Stefan Karner

A-8010 Graz, Schörgelgasse 43
Tel.: 0316/82 25 00-0
Fax: 0316/82 25 00-33

A-1010 Wien
Bellariastraße 8
Tel.: 0222/52 1 52-770

c/o Institut für Wirtschafts- und
Sozialgeschichte, Universität Graz
A-8010 Graz, Universitätsplatz 4

Das 1993 gegründete Institut beschäftigt sich mit der Erforschung politischer, sozialer, wirtschaftlicher, kultureller und humanitärer Probleme, wie sie als Auswirkungen von Kriegen entstanden sind und noch immer entstehen.

Durch die Öffnung der russischen Archive und die Möglichkeit, die Erfahrungen von Betroffenen mitzuverwenden, erforschen wir derzeit die Kriegsgefangenschaft in der ehemaligen Sowjetunion nach dem Zweiten Weltkrieg. Dazu verfügen wir über bislang gesperrtes Archivmaterial zu rund 200.000 Personen, je 4000 Lagern und Friedhöfen von Gefangenen, über NKWD-Verfügungen, Aufzeichnungen über Arbeitseinsätze und -leistungen sowie über Verurteilungen von Kriegsgefangenen.

Folgende Projekte konnten bisher abgeschlossen werden oder sind in Bearbeitung:

- Wiss. Publikationsreihe zur Kriegsfolgen-Forschung (Oldenbourg-Verlag, Wien–München): Stefan Karner, Im Archipel GUPVI. Kriegsgefangenschaft und Internierung in der Sowjetunion 1941–1956. Kriegsfolgen-Forschung, Bd. 1, Wien–München 1995. Die Bände 2–4 sind in Vorbereitung.
- Fernsehdokumentation: Verlorene Jahre, Gefangenschaft in Rußland, ORF, FS 2, 29. 3. 1995, 20.15 Uhr.
- Menschen nach dem Krieg. Niederösterreich-Ausstellung, Schallaburg, 28. April bis 1. November 1995.
- Deutsche und sowjetische Kriegsgefangene 1941–1956. Wiss. Fachberatung der Großausstellung im Haus der deutschen Geschichte, Bonn, ab 31. Mai 1995.
- Edda Engelke/Harald Knoll, Niederösterreicher in sowjetischer Kriegsgefangenschaft, Graz 1995 (Manuskript).
- Kriegsgefangenschaft in der ehemaligen Sowjetunion, laufendes Großprojekt zu den Themen: Lager, medizinische und sanitäre Bedingungen, politische Arbeit unter den Gefangenen, „Antifa", Verurteilungen, Arbeit der Gefangenen, Sterblichkeit und Friedhöfe, Repatriierung und Reintegration zu Hause.

Das Institut wird von den österreichischen Bundesministerien für Inneres, Justiz sowie für Wissenschaft und Forschung, den österreichischen Landeshauptmännern, der Stadt Graz und dem Österreichischen Schwarzen Kreuz unterstützt.